"이 책을 읽고 나서 하나님이 얼마나 믿을 만하신지, 또 얼마나 나를 위하시는지를 더 깊이 깨닫게 되었다. 하나님은 어떤 방법을 써서라도 내가 경험해야 할 모든 것으로 나를 이끄신다는 사실을 전에 없이 실감했다."

래리 크랩(Larry Crabb)이 쓴 추천의 글에서,
『행복』(IVP 역간)의 저자

"독서에는 꽤 인내심이 필요하다. 하지만 이 책은 처음부터 끝까지 단숨에 읽어 내려갔다. 이 책에서 제이미 라스무센은 한 구절에 담긴 놀라운 성경적 길을 우리에게 명쾌하게 보여준다. 이 길을 한번 보고 나면 참된 평강과 기쁨을 얻기까지 안주하지 않게 된다. 탁월한 목사이자 신학자이며 리더인 저자는 이 책에서 우리에게 새로운 사고방식을 보여준다. 이 책을 통해 당신도 나처럼 삶을 바라보고 누리는 방식이 완전히 변할 것이다. 당신의 마음이 절실히 원하는 삶, 곧 예수님처럼 사랑하는 삶을 살게 될 것이다. 우리 가족은 우리에게서 그런 삶을 보기를 원한다. 이 망가진 세상은 우리가 그런 삶을 보여주기를 갈망한다. 이 책을 꼭 읽으라!"

존 트렌트(John Trent),
무디신학교 결혼, 가정 사역 및 치료 분야 교수이자 스트롱페밀리 대표,
『축복의 언어』(프리셉트 역간)와 『2도 변화』(스텝스톤 역간)의 저자

"성경은 우리의 본능적이고도 습관적인 생각 패턴을 재조정하기 위해 여덟 가지 단어를 사용하고 있다. 제이미 라스무센은 심도 있는 단어 연구와 실질적인 사례를 들어 얼핏 추상적으로 보이는 단

어들의 의미를 명쾌하게 풀이해준다. 누구나 이 책을 읽으면 하나님 중심적인 생각과 그리스도를 닮은 생각, 성령의 능력이 따르는 생각을 해야겠다는 열정으로 불타오를 것이다."

웨인 그루뎀(Wayne Grudem),
애리조나주 스코츠데일 피닉스신학교 신학과 성경연구 교수

"매년 출간되는 기독교 양서를 모두 읽을 수는 없지만 위대한 책들은 꼭 읽으려고 노력한다. 이 책은 그런 책 중 하나다. 이 책이 위대한 것은 우리의 삶을 변화시키기 때문이다. 매일 일상에서 내적 기쁨을 누리고 싶다면 라스무센의 책이 그 비결을 알려줄 것이다."

팀 킴멜(Tim Kimmel),
『은혜 양육』(사랑플러스 역간)과
『은혜로 가득한 가정』(*Grace Filled Marriage*)의 저자

"여태껏 기쁨 넘치는 삶을 얻는 법에 관한 수많은 조언이 있었지만 마침내 문제의 핵심을 파고든 조언이 나타났다. 진정한 기쁨은 감정, 심지어 상황도 아닌 우리의 생각에서 비롯한다! 우리가 감정이나 상황은 통제할 수 없기 때문에 생각을 통제할 수 있다는 사실을 깨닫는 것이야말로 기쁨 넘치는 삶으로 가는 첫 번째 단계다. 자, 당신은 무엇을 생각하는가? 저자의 조언에 따라 기쁨을 낳는 좋은 생각들로 가는 여행에 동참하지 않겠는가?"

조 스토웰(Joe Stowell),
미시간주 그랜드래피즈 코너스톤대학 총장

"수십 년간 신앙생활을 하면서 기쁨이 넘치는 사람들을 적잖이 만나봤지만 제이미 라스무센 같은 사람은 처음이다! 그는 얼굴 자체에서 기쁨이 뚝뚝 떨어지는 사람이었다. 이 책의 말들은 그의 개인적인 경험에서 나온 것이다. 이 놀랍고도 기쁨 넘치는 책의 원칙을 읽고 실천하면 삶이 완전히 달라질 것이다. 읽고 또 읽으라!"

O. S. 호킨스(Hawkins),
가이드스톤 파이낸셜 리소스의 회장 겸 CEO,
베스트셀러 코드(Code) 시리즈의 저자

"세상 심리학의 소음 속에서 단비와도 같은 성경적인 책이 등장했다! 이것은 철학이 아니다. 이것은 하나님의 원칙대로 사는 사람들에게 하나님이 주시는 기쁨의 약속이다. 제이미 라스무센은 사람들이 우리를 다시 보고, 그래서 우리 하나님을 다시 볼 수 있도록 우리 삶의 패턴을 완전히 뜯어고치는 길을 제시한다. 정말 중요한 책이다."

나오미 로드(Naomi Rhode),
CPAE 명예의 전당 강사이자 스마트프랙티스 공동 창립자

"이 책은 하나님의 가장 귀한 선물 중 하나인 그분의 임재를 경험하게 해준다. 하나님의 임재는 그분의 축복을 넘어서는 기쁨을 낳는다."

빌 스럴(Bill Thrall),
트루페이스 미니스트리 멘토

"제이미 라스무센이 오랜 목회 경험에서 나온 지혜와 빌립보서 4장 8절에 관한 깊은 묵상을 나누며, 하나님이 원하시는 생각을 품으라고 촉구한다. 많은 사람이 잘못된 가치와 생각 패턴을 품고 사는데, 그런 세상에서 이 책은 하나님과 그분이 기뻐하시는 것에 생각을 집중하라고 강권한다. 이는 옳은 일일 뿐 아니라 하나님의 복을 받는 확실한 길이다. 나는 이 책에서 큰 힘을 얻었다. 이 책에는 다른 사람에게도 꼭 전해주고 싶은 통찰이 가득하다."

피터 윌리엄스(Peter J. Williams),
케임브리지 틴데일하우스 대표

"그리스도인이 시시한 세상 것들 때문에 그리스도 안에서의 기쁨을 빼앗기기가 너무도 쉽다. 이 책에서 제이미 라스무센은 신앙생활의 목적이 고통을 극복하여 일시적인 행복을 얻는 것이 아니라 그리스도의 고난과 영광 안에서 그분과 연합하는 것임을 우리에게 다시금 일깨워준다. 라스무센의 청사진을 따를 때 우리는 주변 세상에 그리스도의 향기를 풍기는 삶을 살 수 있다."

앨런 시어스(Alan Sears),
얼라이언스 디펜딩 프리덤(ADF) 창립자

"제이미 라스무센이 쓴 이 책을 읽는 것 자체가 기쁨이다. 아울러 좋은 지혜까지 덤으로 얻을 수 있다. 성미를 잘 다스리지 못하는가? 자제력이 없는가? 툭하면 신세 한탄에 빠지는가? 다시 말해, 인간인가? 그렇다면 이 책을 읽고 유머러스하고도 겸손하며 성경적인 최상의 전술을 얻기를 바란다. 성경은 '의인의 길은 돋는 햇살 같아서'(잠 4:18)라고 했다. 이 책이 당신에게 그 길을 보여줄 것이다."

그레그 프리처드(Greg Pritchard),
유럽 리더십 포럼 소장이자 기독교 리더 포럼 회장

기쁨을 선택하다

How Joyful People Think

© 2018 by Jamie Rasmussen
Originally published in English under the title *How Joyful People Think* by Baker Books, a division of Baker Publishing Group, Grand Rapids, Michigan, USA.
All rights reserved.

This Korean translation edition © 2021 by Timothy Publishing House, Inc., Seoul, Republic of Korea
Translated and used by permission of Baker Books, Grand Rapids, MI 49516, USA.

이 한국어판의 저작권은 Baker Books와 독점 계약한 (주)도서출판 디모데에 있습니다.
신 저작권법에 의하여 한국 내에서 보호받는 저작물이므로 무단 전재와 무단 복제를 금합니다.

기쁨을 선택하다

1쇄 발행   2021년 8월 20일

지은이   제이미 라스무센
옮긴이   정성묵
펴낸이   고종율

펴낸곳   주)도서출판 디모데 <파이디온선교회 출판 사역 기관>
등록   2005년 6월 16일 제 319-2005-24호
주소   서울특별시 서초구 서초대로 141-25(방배동, 세일빌딩)
전화   마케팅실 070) 4018-4141
팩스   마케팅실 031) 902-7795
홈페이지   www.timothybook.com

값 13,000원
ISBN 978-89-388-1675-7 03230
ⓒ 주)도서출판 디모데 2021 <Printed in Korea>

기쁨을 선택하다

그리스도 안의 기쁨을
잃지 않게 해주는
8가지 생각

제이미 라스무센 지음
정성묵 옮김

차 례

추천의 글 14
감사의 말 19
머리말 21

1장 그리스도인답게 살게 해주는
8가지 사고방식 __29
성경적인 "무엇에든지"의 힘

2장 하나님의 진리에
내 생각 정렬하기 __43
"무엇에든지 참되며"

3장 어떤 상황에서도
침착하게 생각하는 훈련하기 __67
"무엇에든지 경건하며"

4장 정의로운 생각을 하고
실천하기 __91
"무엇에든지 옳으며"

5장 개인적으로나 관계에서
거룩한 생각하기 __115
"무엇에든지 정결하며"

6장 건강한 즐거움을 주는
생각 추구하기 __137

"무엇에든지 사랑받을 만하며"

7장 내 행동을 생각하고
그리스도인다운지 돌아보기 __161

"무엇에든지 칭찬받을 만하며"

8장 성경적인 탁월함을
생각하기 __183

"무슨 덕이 있든지"

9장 사람과 하나님과의 관계에서
칭찬과 찬양의 목록 생각하기 __201

"무슨 기림이 있든지"

10장 바른 생각으로
하나님의 임재를 경험하다! __223

"평강의 하나님이 너희와 함께 계시리라"

맺는말 237
주 241

아내 킴에게
___

내 평생 당신만큼 기쁨이 자연스럽게 넘치는 사람은 본 적이 없소.
당신을 아내로 둔 나는 세상에서 가장 행복한 사람이오.
내게 기쁨을 선택하는 법을 보여줘서 감사하오.

추천의 글

나는 무슨 대가를 치르더라도 그리스도인답게 살고자 하는 '마음'을 얻기 위해 50년 넘게 노력해왔다. 이제부터 당신이 읽으려는 이 책은 그리스도인다운 삶이 무슨 대가를 치르더라도 추구할 만한 가치가 있다는 내 확신을 더욱더 강하게 해주었다.

사실, 그리스도의 제자로 살아온 60년 내내 예수님의 말씀은 늘 내게 부담스럽게 다가왔다. 누가복음 14장 25-33절에서 예수님은 이런 말씀을 하신다. "내 제자가 되고 싶으냐? 그렇다면 대가를 따져봐라. 그 어떤 사람과의 관계보다도 나와의 관계를 중시할 수 있겠느냐? 인생의 힘든 일에서 즉시 벗어나고 싶은 마음을 내려놓을 수 있겠느냐? 마지막으로 하나 더, 그 어떤 것도 너 자신의 공로로 돌리지 않을 수 있겠느냐?"

나는 뭐든 합리적인지를 따지고(교만의 근원) 당장 만족하기를 원하는지라(좌절의 원인) 한때 예수님께 등을 돌렸다. 스무 살에 대학원에 들어갔을 때 혹시 천국과 지옥이 진짜로 있을 경우를 대비해서 천국행 티켓은 받을 수 있도록 최소한의 노력은 했다. 하지만 천국에 가기 전에는 심리학으로 내 인생을 돌보려고 했다. 그런데 대학원에서 5년간 공부한 심리학은 내게 절망감만 안겨주었다. 내가 찾던 답은 심리학에 없었다. 결국 나는 예수님께로 돌아왔다. 하지만 여전히 뭔가 아쉬웠다.

오랜만에 다시 뵌 하나님은 여전히…

도움이 되지 않았다. 내 삶에 그분이 풀어주지 않으신 문제가 여전히 존재했다.
믿을 만하지 않았다. 응답받지 못한 기도가 응답받은 기도보다 많았다.
멀게만 느껴졌다. 그분의 존재가 친한 친구들이나 당시 4년 동안 같이 산 아내처럼 강하게 느껴지지 않았다.

50년이 지난 지금도 여전히 하나님이 도움 되지 않는 것 같고, 믿을 만하지 않으며, 멀게만 느껴질 때가 있다. 또 하나님이 충분히 해결하실 수 있는데도 해결해주지 않으시는 문제들이 여전히 존재하고, 열심히 한 기도에 응답받지 못하는 때가 있다. 하나님의 임재를 더 강하고 자주 경험하고 싶다는 갈증도 여전하다. 하지만 칠십 대가 된 지금은 그리스도의 십자가 때문에 그분의 선하심을 절대적으로 확신하고 있다. 나를 위해 돌아가신 분께 등을 돌린다는 것은 생각조차 할 수 없다.

그래도 역시 현재를 잘 살아갈 지혜를 얻고 싶다. 상심의 한복판에서도 기쁨을 누리고, 인생의 폭풍 가운데서도 평강을 누리며, 내가 힘들 때도 다른 사람을 사랑할 수 있도록 지혜가 절실히 필요하다. 감사하게도 이 책은 내게 필요한 많은 지혜를 제공해주었다.

제이미 라스무센과 나는 오랫동안 동행하면서 깊은 곳에 있는 고충을 털어놓고, 복음의 소망으로 서로 격려해왔다. 라스무센은 대형교회를 훌륭하게 이끌어가는 목회자이지만, 사실 그의 정체성은 대형교회의 목사가 아니다. 그는 사람들의 목사다. 그는 같은 그리스도의 제자들을 이끌고 가르치며 목회하는 동시에 그리스도의 제자가 아닌 이들에게 복음을 전하는 일에 목숨을 건 사람이다.

방금 이 책 읽기를 마쳤다. 긴 시간 비행 중에 천천히 곱씹어가며 읽었다. 시간이 정말 빨리 지나갔다. 좁은 좌석에 오랫동안 구겨 앉아서 이렇게 시간이 빨리 가기는 참 오랜만이다. 이 책을 읽으면서 세 가지 단어가 떠올랐다. 정확하다, 실질적이다, 열정적이다.

라스무센은 "무엇에든지"에 관한 구절을 지독할 정도로

철저히 연구했다. 그 덕분에 이 책은 빌립보서 4장 8절에 기록된 여덟 가지 단어의 의미를 '정확히' 이해할 수 있게 해준다. 또한 이 여덟 가지 단어에 담긴 지혜대로 사는 것이 '실질적으로' 무엇을 의미하는지를 분명히 보여준다. 그리고 자신이 가르친 대로 실천하고 싶지만 뜻대로 되지 않는다는 점을 통감하는 목회자답게 진정한 목사의 '열정적인' 마음이 페이지마다 묻어 나온다.

이 책을 읽고 나서 하나님이 얼마나 믿을 만하신지, 또 얼마나 나를 위하시는지를 더 깊이 깨닫게 되었다. 하나님은 어떤 방법을 써서라도 내가 경험해야 할 모든 것으로 나를 이끄신다는 사실을 전에 없이 실감했다.

내 역할은 '옳게 생각하는' 것이다. 하나님이 원하시는 생각을 해야 한다. 주변 상황에 상관없이 내 안에서 기쁨과 평강, 사랑을 일으키는 생각을 해야 한다. 이 책은 '옳게 생각하는' 것이 무슨 의미인지를 분명히 보여준다. 라스무센의 책을 읽고 나서 나는 전에 없이 옳게 생각하게 되었다. 내 생각이 하나님의 사고방식에 훨씬 더 정렬되었다. 이 책을 깊이 읽고 나면 당신도 그렇게 될 수 있다. 내 친구가 쓴 이 책은 로마서 12장 2절 "마음을 새롭게 함으로 변화를 받아"에 관한 탁월한 강해서다.

래리 크랩

감사의 말

저자 혼자서 쓴 책은 없다. 이 책의 개념은 원래 애리조나주 스코츠데일 성경교회에서 성도들에게 설교로 전했던 것이다. 우리 성도들의 친절과 사랑, 믿음에 감사하지 않을 수 없다. 우리 성도 중 많은 사람이 하나님의 말씀대로 생각하는 법을 배우고서 몹시 기뻐했다. 내가 이 책을 완성할 수 있도록 안식일을 허락해준 제프 고블을 비롯한 스코츠데일 성경교회 장로들에게 특별히 감사하고 싶다.

래리 크랩, 팀 킴멜, 나오미 로드, 우리 부모님인 프랭크와 캐럴린 라스무센은 이 책의 앞부분을 진지하게 읽어주었다. 내가 이 책을 끝까지 완성할 수 있었던 것은 무엇보다도 이들의 격려 덕분이다. 글을 쓸 시간과 공간을 허락해준 내 아내 킴과 장성한 자녀 해나, 애비, 폴에게 더없이 감사한다.

베이커 출판사의 채드 앨런에게 너무도 감사한다. 앨런은 처음부터 이 책의 아이디어를 믿어주고 끝까지 귀한 지도와 조언을 아끼지 않았다. 베이커 출판사와의 협력은 더

없는 기쁨이었다.

    중간 두 장을 쓰는 데 큰 도움을 준 브라이언 매캐널리에게 큰 공을 돌리고 싶다. 그의 집필과 편집 기술은 막대한 도움이 되었다. 행정과 편집을 담당해준 내 조수 캐시 머스바크의 도움이 없었다면 이 책은 세상의 빛을 보지 못했을 것이다. 닉 팔로모와 데릭 브랜트는 처음부터 많은 창의적인 아이디어를 빌려주었다. 이 책의 방향을 잡는 데 큰 도움이 되었다. 소니아 클레벌리와 캐런 사로이언의 최종 편집은 실로 완벽했다.

    마지막으로, 톰 슈레이더는 이 글을 쓰는 내내 나를 웃게 해주었고, 스티브 울먼과 타일러 존슨은 끊임없이 내 생각을 다시 점검하게 했으며, 데릴 델하우사예는 늘 나를 지지해주었고, 코리 슈크네흐트는 매주 집필 상황을 물어봐 주었다. 이런 사람들과 함께하는 것은 크나큰 복이다.

머리말

　몇 년 전 코넬대학의 두 심리학자가 매우 흥미로운 연구를 진행했다. 연구의 목적은 '상황'을 바라보는 '시각'이 어떤 작용을 하는지 알아내는 것이었다. 이런 목적으로 두 심리학자는 올림픽 메달리스트들을 연구했다. 특히 금메달리스트, 은메달리스트, 동메달리스트의 만족도와 행복감을 서로 비교해보았다. 경기 직후와 메달을 받을 때 선수의 표정과 몸짓을 토대로 1부터 10까지 '행복' 반응에 점수를 매겼다(1은 고통, 10은 환희).

　결과는 전혀 뜻밖이었다. 3위인 동메달리스트가 2위인 은메달리스트보다 훨씬 행복해했다. 1992년 스페인 바르셀로나 하계올림픽 동영상을 분석한 심리학자들은 시합 결과가 발표된 직후 은메달리스트들은 평균 4.8점의 행복 지수를 기록했으나 동메달리스트들은 평균 7.1점을 기록했다고 발표했다. 시상식에서 메달을 받을 때도 비슷한 결과가 나왔다.[1]

　심리학자들은 어떤 결론을 내렸을까? 무엇보다도, 3위

들은 메달을 받았다는 사실만으로도 몹시 기뻐했다. 그들은 시상식의 들러리가 될 수도 있었는데 세 개 시상식 계단 중 하나에 섰다는 사실에 감사했다. 하지만 2위들은 간발의 차이로 1위가 되지 못했다는 사실만을 생각했다. 이런 시각 차이는 그들의 생각을 형성하고 행복의 수준을 결정했다. 이 연구를 진행한 심리학자들은 이 현상을 '반사실적 사고'(counterfactual thinking)로 명명했다. 즉 사람은 눈앞의 현실과 다른 현실을 생각하는 능력이 있다. 이 생각의 능력으로 우리는 기쁨을 얻거나 잃을 수 있다.

생각이 중요하다

나는 이 현상의 이면에 중요한 뭔가가 있다고 생각한다. 어떤 이들은 가슴 아픈 이혼을 경험한 뒤에 평생 신세 한탄을 하며 살아가지만, 다른 이들은 비슷한 상황을 겪은 뒤에 오히려 더 사랑과 연민, 용서가 많은 사람으로 변한다. 어릴 적 찢어지게 가난한 집에서 자란 뒤에 평생 불평하며 살아가는 사람이 있는가 하면, 같은 일을 겪고도 늘 감사하며 가진 것이 얼마든 다른 사람과 나누며 살아가는 사람도 있다. 직장에서 실망스러운 상황(싫어하는 직장을 계속해서 다녀야 하거나 원하는 직장을 잃은 상황)에 처했을 때 끊임없이 투덜거리는 사람이 있는가 하면, 같은 상황에서도 어떻게든 마음을 추스르는 사람이 있다.

왜 이런 차이가 나는 것일까? 후자의 경우 남들은 모르는 어떤 비결이 있는 걸까? 그렇다면 그것이 무엇일까? 왜 어떤 사람은 3등을 하고도 행복한데 어떤 사람은 2등을 하고도 울상을 짓는 것일까? 나는 상황을 바라보는 시각이 관건이라고 생각한다. 바로, 생각이 기쁨의 비결이다.

그래서 이 책은 올바른 생각을 기르는 법을 다룬다.

긍정적인 생각을 넘어서

여기서 짚고 넘어가야 할 점이 하나 있다. 우리는 '바른 생각'에 관한 이야기를 이미 지겹도록 들어왔다. 만족스러운 삶을 살게 해주는 생각을 찬양하는 자기 계발 서적과 토크쇼, 리더십 세미나, 교회 설교가 넘쳐난다. 그런데 무엇 때문에 이 책을 썼는지 아는가?

그 이유는 이렇다. 현대의 식자들은 대개 '긍정적으로 생각하라, 가능성을 생각하라, 문제 해결에 관해 생각하라'는 세 가지 주문만을 반복해서 외치기 때문이다. 이들은 이런 생각이 일터나 관계, 건강, 심지어 영적 영역까지 삶의 모든 영역에서 성공을 이루는 비결이라고 주장한다. 사고의 이런 삼중 패턴이 우리를 좋은 삶으로 안내한다는 것이다. 긍정적이고 가능성 중심적인 사고가 문제 해결 능력과 짝을 이루면 더 좋은 삶을 살게 될 것이다.

하지만 우리는 '목적이 무엇인가?'라고 물어야 한다. 단순히 기분이 좋아지는 것이 목적이라면 긍정적인 생각은 꽤 효과적이다. 더 많은 성취를 이루는 것이 목적이라면 역시 긍정적인 생각이 도움이 된다. 또 인생의 수많은 난관을 극복하는 것이 목적이라면 문제 해결 태도가 효과를 발휘할 때가 많다. 물론 이런 목적이 잘못된 것은 아니지만, 나는 하나님이 우리에게 그 이상의 것을 원하신다고 확신한다. 하나님은 많은 사람이 안주하는 수준 이상을 원하신다. 그분은 이런 일시적인 사고를 요구하는 일시적인 목적을 바라지 않으실 것이다.

하나님은 전혀 다른 목적과 결과로 이어지는 다른 '종류'의 사고에 더 관심이 있으시다. 이 사고는 사람의 관점을 바꾸며, 단순히 긍정적으로 사고하거나 가능성이나 문제 해결에 초점을 맞추어 사고하기보다 훨씬 어렵다. 그러나 이런 사고방식은 분명히 하나님이 원하시는 바다. 또한 이 사고방식은 우리를 더 큰 인격과 믿음, 다른 사람에 대한 사랑, 내적 만족으로 이끌어준다. 이 사고야말로 예수 그리스도의 제자에게 어울리는 것이다.

유명한 웨스트민스터 신앙고백에 "인간의 제일 되는 목적은 하나님을 영화롭게 하고 그분을 영원히 즐기는 것이다"라는 말이 나온다. 하나님의 영광과 우리의 기쁨, 바로 이것이 하나님이 추구하시는 것이다. 긍정적이고 가능성과 문제 해결을 고민하는 사고는 성공과 안위를 추구하고 빠른 해결을 우선하는 21세기 세상에서는 좋은 생각일지 몰라도 초월적인 영광과 영원한 기쁨을 낳기에는 역부족이다. 하나님의 경제에서는 그 이상이 필요하며, 감사하게도 그 이상이 있다. 하나님은 우리의 삶에서 반사실적 사고를 경험할 길을 마련해주셨다. 우리는 하나님이 명령하신 사고방식으로 사는 법을 배워야 한다. 현재 상태에 만족하지 마라. 그 이상이 있다. 더 좋은 사고가 있다.

하나님의 사고방식

이 책은 거의 처음부터 끝까지 성경의 한 구절과 관련이 있다. 그 구절은 신약 빌립보서의 맺음말에 포함된 하나의 긴 문장이다. 얼핏 보면 이 구절은 그냥 나중에 덧붙인 인사말 정도로 보인다. 하지만 자세히 뜯어보면 성경 전체에서 이만큼 중요한 진리를 가득 담은 구절도 없다는 사실을 발견하게 된다. 하나님이 원하시는 사고방식을 보여주는 구절은 많지만 그 사고방식을 이토록 하나로 농축해 집중적으로 강조하는 구절은 없다. 이 한 구절의 깊이와 넓이는 실로 엄청나서 가히 책 한 권을 다 할애할 만하다!

이 구절은 36개(영어의 경우)의 선별된 단어로 이루어져 있다. 그중 한 단어는 여섯 번이나 반복된다. 이 구절은 하나님 안에서 충분함과 만족함을 찾기 원하는 사람들에게 어울리는 여덟 가지 사고방식을 보여준다. 이것은 현재 문화의 상태에 만족하지 않고 다른 사고방식을 모색하는 사람을 위한 구절이다. 또 이 구절은 하나님의 태도이자 그분의 백성에게 어울리는 태도를 보여준다. 이 태도는 이 타락한 세상 속에서 늘 반사실적인 경험을 하며 살아갈 수 있게 해준다.

자, 이 구절을 소개한다.

끝으로 형제들아 무엇에든지 참되며 무엇에든지 경건하며 무엇에든지 옳으며 무엇에든지 정결하며 무엇에든지 사랑받을 만하며 무엇에든지 칭찬받을 만하며 무슨 덕이 있든지 무슨 기림이 있든지 이것들을 생각하라(빌 4:8).

이 구절에서 사고의 각 영역을 하나의 단어나 짧은 구로 기술하고 있다는 점을 주목할 필요가 있다. 몇백 년 전의 유대와 그리스·로마 문화에서 이러한 단어와 구는 많은 의미를 담고 있었다. 이 책에서 우리는 각 단어에 많은 시간을 보내게 될 것이다. 그렇게 좋은 친구를 알아가듯 단어를 알아갈 것이다. 그리고 좋은 친구를 대하듯 이 단어들을 우리 마음의 거실로 초대해 이것들의 소리에 귀를 기울일 것이다. 아무쪼록 당신이 이 단어들을 통해 내면에서부터 변화되기를 소망한다.

이 단어들에는 한 가지 약속에 딸려 있다. 바로 다음 구절에 그 약속이 나타난다. "그리하면 평강의 하나님이 너희와 함께 계시리라"(9절). 우리에게 진정한 평강을 주기 위한 하나님의 방법은 옳은 시각을 갖게 하는 것이다. 그분을 믿게 하는 시각, 그분을 따르고 싶게 만드는 시각. 다시 말하지만, 하나님이 제시하시는 시각은 그분이 원하시는 생각을 품게 해준다. 이 여덟 가지 사고방식에 따라 사는 법을 배우면 '평강의 하나님'이 그분의 평강을 우리에게 부어주실 것이다.

먼저 여덟 가지 사고방식을 갖추기 위해 꼭 필요한 한 가지 마음가짐을 살피면서 이 구절의 탐구를 시작해보자. 그런 다음에는 각 사고방식이 무엇을 의미하며 어떻게 해야 그런 사고방식을 얻을 수 있는지 자세히 살펴보자.

1장
그리스도인답게 살게 해주는
8가지 사고방식

성경적인 "무엇에든지"의 힘

나는 깊은 의미를 담은
좋고 강한 단어들을 좋아한다.

루이자 메이 올컷(Louisa May Alcott)

내가 어릴 적에 살던 1960년대와 70년대의 중서부는 단어와 그 의미가 하룻밤 사이에도 급변하는 곳이었다. 원래 '쿨'(cool)은 온도가 낮다는 의미였다. 그런데 히피족이 매력적이거나 자신과 말이 통하는 사람이나 선호하는 장소, 물건에 이 표현을 사용하기 시작했다. '칙'(chick)은 원래 새끼 새를 의미했지만 나중에는 매력적인 여성을 의미하게 되었다. 일부 여성은 이에 거부감을 표시하기도 했다. '스무스'(smooth)는 원래 사물의 질감을 표현하는 단어였지만 나중에는 남을 대하는 태도를 의미하게 되었다.

말은 시간이 지나면 변한다. 어떤 단어는 다음 세대로 넘어가면서 완전히 다른 의미로 바뀌기도 한다. 그래서 때로는 의미의 변화를 따라가기가 힘들다. 특히 나이를 먹을수록 그렇다.

"무엇에든지"

빌립보서 4장 8절은 각 사고방식에 "무엇에든지"라는 표현을 붙이고 있다. "무엇에든지 참되며 무엇에든지 경건하며 무엇에든지 옳으며"라는 식으로, 처음 여섯 가지 태도의 앞에 "무엇에든지"가 붙는다. 어떤 학자는 이런 반복이 시적인 표현이라고 주장한다. 그런가 하면 강조의 표현이라고 주장하는 학자도 있다. 내가 볼 때는 둘 다 맞다. 더 중요한 것은 '저자'가 상대적으로 흔한 이 단어를 어떤 의미로 사용했느냐는 것이다.

말의 의미는 점점 변한다. 이 단어의 의미도 변했다. 심지어 이 단어에 해당하는 영어 단어인 '왓에버'(whatever)도 그 의미가 많이 변했다. 현재 '왓에버'는 매우 다른 두 가지 뜻으로 사용된다. 전통적인 의미와 현대적인 의미가 서로 긴장 관계에 있다. 이 둘을 각각 '도리스 데이'(Doris Day)의 의미와 '빈정거리는 십 대'의 의미로 부를 수 있겠다. 1956년 도리스 데이는 앨프리드 히치콕의 스릴러 영화 <나는 비밀을 알고 있다>에 삽입된 곡 "케 세라 세라"를 불렀다. 이 곡은 순식간에 빌보드 차트 2위까지 치고 올라갔다. 1956년에는 아카데미 주제가상을 받았고, 5년간 <도리스 데이쇼>의 테마송으로 흘러나왔다. 그리고 나중에는 미국 영화 연구소에서 미국 100대 영화 음악 중 하나로 선정했다. 이 곡의 후렴구는 이렇다. "케 세라 세라, 될 대로 돼라(whatever will be). 미래는 알 수 없으니, 케 세라 세라, 될 대로 돼라."

스페인어와 영어를 섞은 이 곡 속의 '왓에버'란 단어는 몇 세대 동안 사람들의 정신을 지배했다. 이 곡은 뭐든 그냥 받아들이라는 노래다. 우리는 미래를 통제할 수 없으니 고민하지 말고 그냥 되는 대로 살라! 궁극적으로 "케 세라 세라"는 운명에 관한 노래다. 우리가 아무리 발버둥을 쳐도 일어날 일은 일어난다. 두 번의 무시무시한 세계대전과 대공황을 거치고 공산주의의 위협이 만연한 1950년대 세상에서 사람들은 미래를 통제하기는커녕 예측할 수도 없다는 사실에 절망감을 느꼈다. "케 세라 세라, 될 대로 돼라."

1960년대의 반문화 운동은 한 걸음 더 나아가, 무관심하고 무분별한 삶으로 치달았다. "될 대로 돼라." 도리스 데이의 의미는 하나님이 만물을 주권적으로 다스리신다는 성경의 시각에 반하지만, 미국인의 정신에 깊이 뿌리를 내렸다. 그 때문에 지금도 여전히 많은 사람이 이 단어를 이런 의미로 사용하고 있다.

하지만 단어와 그 의미는 계속해서 변한다. 아직도 많은 사람이 '왓에버'란 단어를 전통적인 의미로 사용하지만 젊은 세대는 매우 다른 의미로 사용하고 있다. 나는 이것을 '반항적인 십 대' 용례라고 부르고 싶다. 다들 이 단어가 이런 식으로 사용되는 것을 들어봤을 것이다. 요즘 십 대 자녀에게 방을 치우라고 말하면 마치 달까지 날아가 깃발을 꽂고 오라는 말을 들은 사람처럼 쳐다본다. 이번에는 목소리를 좀 더 낮게 깔아서 말하면 짜증 섞인 표정과 함께 "알았으니까 그만해(whatever)"란 대답이 돌아온다. 이것은 반항적인 대답이다. 요즘 십 대 아이들은 어조를 살짝 바꿔 '왓에버'를 '도리스 데이'의 숙명적인 의미가 아니라 불만과 억지 순종의 의미로 사용한다. 그들의 '왓에버'는 더는 말하기 싫다는 뜻이다. "엄마가 잘못이지만 말해봐야 소용이 없겠지. 할 테니까 이제 그만해!"라는 뜻이다.

물론 이런 반항은 성장하는 과정의 일부일 수 있다. 사춘기는 반항의 계절이다. 하지만 부모의 입장에서는 썩 유쾌하지 않은 것이 사실이다.

판도를 바꾸는 요인

이것이 왜 중요한가? 왜 "될 대로 돼라"에서 현재의 "알았으니까 그만해"까지 이 흔한 단어의 의미가 지난 60년간 변해온 과정을 되돌아봐야 할까? 현대인이 생각하는 이 단어의 의미와 빌립보서 4장 8절에서 사용된 용례가 전혀 다르기 때문이다. 한 단어가 한두 세대 안에서도 바뀔 수 있다면 2천 년간 수많은 세대와 문화를 지나면서는 얼마나 바뀔 수 있는지 상상해보라.

사도 바울이 성령의 감동으로 처음 빌립보서 4장 8절을 쓸 때 여섯 번 반복해서 사용한 "무엇에든지"의 헬라어 원어는 1세기 그리스·로마 문화권에서 흔히 사용되던 단어다. 그 단어는 '호소스'(hosos)인데, 신약에서 무려 115번이나 사용되고 있다. 이 단어는 옛 그리스 문학에서도 수없이 등장한다. 하지만 이 단어에 관해 가장 주목해야 할 점은 긍정적인 단어, 용기를 북돋우는 단어라는 점이다. 주로 뭔가의 '정도'를 지칭하는 데 사용된다. 한 그리스어-영어 사전은 이 단어를 '-만큼, -정도'로 정의했다.[1] 이것은 무한한 양과 정도를 지칭하는 단어다.

이런 의미를 시각적으로 보여주는 예를 요한복음에서 찾아볼 수 있다. 요한은 오병이어의 기적을 묘사할 때 이 단어를 사용했다. "예수께서 떡을 가져 축사하신 후에 앉아 있는 자들에게 나눠 주시고 물고기도 그렇게 그들의 원대로(호소스) 주시니라"(요 6:11). 사람들은 원하는 대로, 원하는 만큼 마음껏 먹었다. 물고기 두 마리가 기적적으로 불어나 5천 명을 배불리 먹이고도 남았다. 여기서 사용된 단어가 바로 '호소스'다. 이것은 더 큰 가능성을 보도록 상상력을 자극하는 단어다.

나는 사도 바울이 빌립보서 4장 8절에서 같은 맥락으로 이 단어를 사용했다고 생각한다. 그는 이 특별한 사고가 지닌 어마어마한 가능성을 상상하라는 뜻에서 각 사고방식 앞에 "무엇에든지"를 붙였다. 이 구절에서 그는 하나님이 명하신 시각 하나하나를 읽을 때마다 성령이 주시는 창의력과 비전을 통해 그 안에 담긴 엄청난 가능성을 상상하라고 촉구한다. "무엇에든지 참되며 무엇에든지 경건하며 무엇에든지 옳으며 무엇에든지…무엇에든지…무엇에든지…." 여기서 바울은 큰 꿈을 꾸라고 말한다. 그는 생각의 측면에서 어떻게 물고기 두 마리가 풀코스 식사로 변할 수 있는지 보여주기 위해 "무엇에든지"란 단어를 사용했다.

이 구절에서 이 흔한 단어가 얼마나 강력하게 사용되었는지를 보기 위해 한번 이 단어를 빼고 읽어보자. "끝으로 형제들아 참되며 경건하며 옳으며 정결하며 사랑받을 만하며 칭찬받을 만하며 덕이 있든지 기림이 있든지 이것들을 생각하라." 물론 이렇게 해도 전혀 나쁘지는 않다. 다소 금욕적이고 가부장적으로 들리긴 해도 여전히 꽤 좋은 구절이다.

하지만 같은 소절이 계속 반복되는 긁힌 CD처럼 "무엇에든지"란 단어의 반복은 우리의 관심을 끈다. 하나님은 이 단어를 이 구절에 반복적으로 삽입함으로써 분명한 메시지를 전달하신다. 여덟 가지 사고방식 하나하나에 "무엇에든지"를 적용해야 한다. 훨씬 더 많은 것을 상상하고 하나님이 열어주실 무한한 가능성을 탐구해야 한다. 우리는 하나님의 시각에 담긴 모든 의미와 가능성을 상상해야 한다. 참되고 경건하며 옳고 정결하며 사랑스럽고 훌륭한 것을 생각하는 법을 배워갈 때 우리는 수많은 가능성에서 비롯한 열정으로 매일을 살아갈 수 있다. 더는 "될 대로 돼라"라는 이 세상의 수동적인 패턴을 따를 필요가 없다. 냉소적이고 반항적인 태도로 매일을 살아갈 필요도 없다. 이제 우리의 모든 생각과 선택을 이끄는 성경적인 "무엇에든지"의 힘으로 살아갈 수 있다. "무엇에든지"는 그야말로 우리 삶의 판도를 바꾸는 요인이다.

가능성을 상상하라

이해하기 쉽게 실례를 들어보겠다. 내 약점 가운데 하나는 운전할 때 화를 내는 것이다. 그렇다고 보복 운전까지 하지는 않지만 도심의 도로에서 짜증을 잘 낸다. 특히 길고 고된 하루의 끝에서 어딘가 바삐 가고 있을 때는 더 화가 폭발하기 쉽다. 화가 난 상태로 가다 보면 목적지에 무사히 도착했어도 기분이 엉망이 된다. 물론 나만 그렇지는 않을 것이다. 최근 미국 자동차협회가 운전면허 소지자 2,705명을 조사한 결과, 그중 거의 80퍼센트가 작년에 최소한 한 번 이상 '심각한 화'를 경험한 적이 있다고 응답했다. 더 충격적인 사실은, 그 운전자의 절반 이상이 신경을 거스르게 하는 자동차의 뒤꽁무니에 바짝 붙어서 위협한 적이 있다고 인정했다는 점이다. 다른 차를 향해 소리를 지르거나 신경질적으로 경적을 울렸다고 응답한 사람도 거의 절반에 달했다.[2]

이런 상황에서 성경적인 "무엇에든지"가 큰 힘을 발휘한다. 다른 자동차가 내 앞에서 위험하게 끼어들거나 추월 차선에서 너무 느리게 간다고 해보자(7대 죄악에 들어가야 마땅하다!). 그럴 때 내가 지난 몇 년간 사용해온 방법은 (실제로나 비유로나) 속도를 늦춘 뒤 빌립보서 4장 8절에 나온 생각의 여덟 가지 영역에 따라 내 생각을 점검하는 것이다. 그런 다음 성경적인 "무엇에든지"의 힘을 각 영역에 적용하여 창조적이고도 긍정적인 가능성을 상상한다. 예를 들면 다음과 같다.

"무엇에든지 참되며": 내 앞사람이 나보다 운전을 잘하지 못하는 것은 사실이다. 하긴, 나만큼 운전을 잘하는 사람은 별로 없으니까. 하지만 나도 남들처럼 실수할 때가 있다. 나도 가끔 위험하게 끼어든다. 나도 신경을 쓰지 않으면 느린 속도로 추월 차선을 막을 수 있다. 일부러 그런 것은 아니지만 나도 가끔 그런 실수를 한다. 나는 내가 생각하는 것보다 더 위선자인 것 같다. 아무래도 이 사람을 좀 봐줘야 할 것 같다.

"무엇에든지 경건하며": 보복 운전하고 경적을 울리며 소리를 지르는 50퍼센트처럼 격렬하게 화를 내고 싶은 마음이 들지만, 그렇게 하면 하나님이나 내 아내가 나를 경건하게 보지 않을 것이다. 경건한 사람은 경솔하게 반응하지 않는다. 경건한 길로 가자.

"무엇에든지 옳으며": 이 사람의 행동을 지켜보는 경찰관이 있어야 옳았다(경찰은 필요할 때 도대체 어디에 있는가?). 하지만 경찰관이 단 한 명도 보이지 않았다. 정의는 다시 무시되었다. 하지만 이런 일을 처리하는 건 나의 소관이 아니다. 이런 상황을 처리하는 교통경찰과 카메라가 있다. 속도를 줄여서 안전하게 가는 것이 나의 역할이다. 그리고 내 인격을 지켜야 한다. 정의가 무시되는 꼴을 보는 건 힘들지만 내가 나서면 상황은 더 나빠진다. 그냥 가는게 낫겠다.

"무엇에든지 정결하며": 정결은 선하게 살고 좋은 관계를 맺는 능력이다. 하나님은 그런 식으로 정결을 드러내신다. 누군가를 손가락질하는 건 정결한 모습이 아니다. 따라서 누구도 손가락질하지 않겠다. 그냥 잊어버리고 내 길을 가겠다.

빌립보서 4장 8절의 사고 영역 중 절반을 눈앞의 문제에 적용하면서 성경적인 "무엇에든지"의 힘과 비전을 발휘하면 나도 모르는 새에 기분이 좋아지기 시작한다. 이런 정신적 활동을 함으로써 나쁜 생각을 그만하고 다른 것, 특히 저 하늘의 것에 정신을 집중할 수 있다. 그러면 곧 기쁨이 돌아온다.

빌립보서 4장 8절은 새로운 사고방식을 보여준다. 그리고 성경적인 "무엇에든지"의 힘은 그 사고방식에 가능성과 비전을 불어넣는다. 그렇게 시각이 새로워지면 초점도 새로워진다. 하나님은 새로운 초점을 통해 문제의 돌파구를 보게 하실 때가 많다.

당신의 일상에서 성경적인 "무엇에든지"의 힘을 사용할 만한 상황이 얼마나 많이 일어나는가? 예를 들면…

- 일터에서 힘든 결정을 내릴 때
- 점점 더 멀어지는 십 대 자녀를 어떻게 해야 할까?
- 도저히 끊지 못할 것 같은 나쁜 습관
- 의심, 혼란, 낙심, 두려움처럼 끊임없이 재발하는 영적 문제

빌립보서 4장 8절의 여덟 가지 시각을 통해 마음을 가라앉히고 생각을 새롭게 해보라. 성경적인 "무엇에든지"는 반드시 효과를 발휘하게 되어 있다.

여덟 가지 시각을 견인하는 성경적인 "무엇에든지"의 힘

을 알았으니 이제 하나님이 그분의 백성을 위해 마련하신 새로운 종류의 사고를 탐구하고 발견할 준비가 된 셈이다. 이제 빌립보서 4장 8절의 현실로 깊이 들어갈 준비가 되었다. 오늘날 세상에 난무하는 온갖 인지 치료와 달리, 이 사고방식은 진정한 변화를 약속한다. 당연히 그럴 수밖에. 하나님에게서 온 사고방식이니까 말이다.

이제 본격적으로 시작해보자.

2장
하나님의 진리에
내 생각 정렬하기

"무엇에든지 참되며"

현실주의자는 시련의 불을 통과해 정련된 이상주의자다. 회의주의자는 시련의 불에서 타버린 이상주의자다.

워렌 위어스비(Warren Wiersbe)

나는 25년 넘게 목회를 해왔다. 그동안 온갖 종류의 사람을 만났다. 그 결과 인간의 태도에 관한 전반적인 특징 하나를 발견할 수 있었다. 그것은 어떤 사람은 삶과 상황에 지나치게 '부정적'이지만, 어떤 사람은 너무 '긍정적'인 쪽으로 기울어져 있다는 것이다. 다시 말해, 균형 잡힌 시각으로 현실을 정확히 바라보는 사람이 극히 드물다. 자신은 균형이 잡혀 있다고 생각하지만 그렇지 않은 경우가 많다.

생각이 균형 잡혀 있는지 그렇지 않은지를 확인할 가장 좋은 지표는 나쁜 소식을 다루는 모습이다. 생각의 초점과 내용을 가장 정확하게 측정할 수 있는 지표가 아닐까 싶다. 균형이 깨진 사고의 몇 가지 예를 들어보자.

"지난번 유방(혹은 전립선) 검사에서 의심스러운 뭔가가 발견되었습니다. 아무래도 조직 검사를 해봐야겠습니다."
부정적인 사람: "이럴 줄 알았어. 어쩐지 기분이 이상했어. 이젠 끝이야. 주님, 제가 갑니다."
긍정적인 사람: "암일 리가 없어. 하나님이 지금 내게 암을 허락하실 리가 없어. 이건 불가능해. 분명 조직 검사에서 음성이 나올 거야. 좋은 소식이 날아올 거야."

"다른 회사와 합병하면서 인력을 감축할 예정입니다."
부정적인 사람: "이젠 끝이야. 이력서를 다시 써놓는 게 좋겠어. 나는 살아남지 못할 거야. 그리고 이런 직장을 다시는 얻지 못할 거야. 집도 자동차도 다 팔아야겠어."
긍정적인 사람: "설마 나를 내치지는 못할 거야. 그럴 이유가 없잖아. 회사는 내 가치를 잘 알고 있어. 전혀 걱정할 필요가 없어."

"교장입니다. 아드님 문제로 뵙고 싶습니다. 좀 걱정스러운 점이 있어서요."
부정적인 사람들: "큰일 났군. 녀석은 세 살 때부터 사고뭉치였어. 이번에는 또 무슨 사고를 쳤을까?"
긍정적인 사람들: "도대체 무슨 말이야? 우리 아들이 얼마나 착한 아이인데. 조금 장난기가 많아서 그렇지 정말 사랑스러운 아이야. 그런 아이에게 무슨 걱정스러운 점이 있다는 거야?"

세상에는 기본적으로 두 종류의 사람이 존재한다고 한다. 그러니까 컵에 물이 반이 찼다고 말하는 사람과 반이 비었다고 말하는 사람이다. 당신은 어느 쪽인가? 우리는 둘 중 한쪽으로 기울어지는 경향이 있다.

그렇다. 우리는 한쪽으로 쏠려 있다. 백 퍼센트 현실적인 시각을 지닌 사람은 극소수다. 타락은 관계나 상황, 사건, 하나님을 바라보는 우리의 시각에 악영향을 미쳤다. 나는 어릴 적부터 부정적이고 냉소적인 쪽으로 기울여져 있었다. 창피하지만, 나의 타락한 본성은 삶에 이렇게 반응한다. 하지만 균형을 회복하고 싶다. 더 현실적인 시각을 얻고 싶다.

"무엇에든지 참되며"

빌립보서 4장 8절의 첫 번째 부분은 참된 것에 관한 생각을 촉구하고 있다. 현실에 관해 이야기하면서 현실에 따라 생각하고 살라고 강권하고 있다.

여기서 "참되며"로 번역된 헬라어는 '알레테스'(alethes)다. 이 단어의 원형은 '숨기는 것이 없음'을 의미한다.[1] 지식이든 개인적인 경험 이면의 진실이든 있는 그대로 드러내는 것을 의미한다. 그리스 철학자 플라톤은 '반사와 외향'(=참되게 보이기만 하는 것)이 아닌 '참되고 진정한' 것을 기술할 때 이 단어를 사용했다.[2] 신약에는 이 단어가 25번 등장하는데, 모두 참되거나 진짜이거나 정직한 것을 지칭한다. '알레테스'는 지식 및 삶 전반과 밀접한 연관이 있다.

'알레테스'란 단어의 가장 매력적인 점은 문맥에 따라 초월적인 진리나 개인적인 사실을 지칭할 수 있다는 것이다. 그리고 이 둘에는 큰 차이가 있다.

언제 어디서나

초월적인 진리는 쉽게 말해 시공간의 제약을 받지 않는 진리라고 할 수 있다. 이것은 언제 어디에서나 통하는 진리다. 이 진리는 우리를 초월한다. 그래서 이것은 우리의 개인적 혹은 집단적 삶에 상관없이 무조건 참이다. 또 초월적인 진리는 우리가 알든 모르든, 믿든 믿지 않든 상관없이 참인 진리다. 이 진리는 초월적인 현실이라는 특성 때문에 참이 된다.

그리스도인에게 초월적인 진리는 삼위일체 하나님과 그분의 계시인 성경에 기초한다. 이 진리에는 하나님의 존재와 실재, 그분의 선하심, 그분의 불변하고 주권적인 본성, 인류의 타락, 예수 그리스도를 통한 하나님의 자비와 용서가 포함된다. 이것은 하나님과 영적 현실에 관한 기독교의 교리를 형성한다. 또 하나님 자신을 포함하고 있기 때문에 초월적이고 절대적이며 불변한다.

우리의 사고와 관련해서 이런 초월적인 진리를 이해하는 것이 매우 중요하다. 신약에서 '알레테스'가 이런 의미로 여러 번 사용되고 있기 때문이다. 예를 들어, 한번은 지체 높은 정치·종교 리더들이 예수님께 이런 말을 했다. "선생님이여 우리가 아노니 당신은 참되시고(알레테스) 진리로(알레테이아, aletheia) 하나님의 도를 가르치시며 아무도 꺼리는 일이 없으시니 이는 사람을 외모로 보지 아니하심이니이다"(마 22:16). 이들은 똑똑한 사람인 만큼 예수님의 성품과 말씀이 다른 사람의 의견이나 헛된 평판같이 세상의 것이 아닌 "하나님의 도"와 연결되어 있기 때문에 "참"이라는 사실을 알았다. 예수님의 성품과 말씀은 이 세상의 것이 아니었다. 그것은 하나님께 속한 것, 영원한 것이었다.

'알레테스'가 초월적 진리로 사용된 또 다른 예는 자신에 관해 예수님이 말씀하신 데서 발견할 수 있다. "내가 나를 위하여 증언하여도 내 증언이 참되니(알레테스) 나는 내가 어디서 오며 어디로 가는 것을 알거니와"(요 8:14). 여기서 예수님은 자신의 가르침을 그분의 초월적 본성("나는 내가 어디서 오며 어디로 가는 것을 알거니와")과 연결하셨으며, 이 본성은 그 가르침이 하나님에게서 온 참이라는 증거 역할을 했다. 예수님은 자신의 말씀이 본질적으로 영원한 것이기 때문에 절대적인 참이라고 말씀하셨다. 그분의 말씀 그리고 그 말씀이 표현한 진리는 초월적이었다.

다른 신약 저자들도 초월적인 진리를 지칭할 때 '알레테스'란 단어를 사용했다. 예를 들어 베드로는 자신이 성령의 감동으로 쓴 것이 "하나님의 참된(알레테스) 은혜"(벧전 5:12)라고 말했다. 요한도 사랑하라는 명령이 "그(예수님)에게…참된(알레테스) 것"(요일 2:8)이라고 말할 때 같은 단어를 사용했다.

'알레테스'란 단어가 신약에서 이렇게 사용된 면만 살피고서 이 단어에 관한 논의를 마친다면 반쪽짜리 논의밖에 되지 못한다. 물론 우리의 사고는 초월적인 진리에 기초해야 한다. 또 우리 사고의 초점은 영원히 참된 것, 곧 하나님에게서 오고 성경에서 가르치는 진리가 되어야 한다.

지금 여기

하지만 여기서 끝이 아니다. '알레테스'란 단어의 용례를 추적하는 우리의 여행은 아직 끝나지 않았다. 신약 저자들은 개인적인 사실에 대해서도 이 단어를 사용했다. 개인적인 사실은 개인의 경험에 관한 사실을 말한다. 이 사실은 초월적이지 않으며, 이생에 관한 사실이다. 초월적인 진리는 시공간의 영향을 받지 않지만 개인적인 사실은 당사자의 시공간 '안에' 있다. 이 사실은 '우리에 관해' 참인 것이다. 그리고 이 사실은 많은 경우 '우리에 관해서만' 참이다. 우리 자신의 경험과 시각에 기초하고 있기 때문이다.

개인적인 사실이 초월적인 진리와 겹칠 때도 있지만(이 점은 곧 살펴보자) 꼭 이 둘이 일치해야만 참인 것은 아니다. 예를 들어, 예수님이 이 땅에서 목회하실 때 한번은 어느 지역의 우물가에서 한 사마리아 여인을 만나셨다. 예수님이 그녀의 삶에 관해 말씀하시자 다음과 같은 대화가 오갔다.

> 여자가 대답하여 이르되 나는 남편이 없나이다 예수께서 이르시되 네가 남편이 없다 하는 말이 옳도다 너에게 남편 다섯이 있었고 지금 있는 자도 네 남편이 아니니 네 말이 참되도다(알레테스)(요 4:17-18).

여기서 분명 '알레테스'는 이전 용례와 다르게 사용되었다. 여기에서 '알레테스'는 이 여인이 다섯 번 결혼했고 현재 사는 남자와는 혼인 관계가 아니라는 사실을 가리킨다. 이것은 (시공간의 영향을 받지 않는) 초월적 진리가 아니라 (이 여인의 시공간 안에 있는) 지극히 개인적인 사실이다. 이 여인의 개인사를 둘러싼 사실은 초월적이지 않다. 전능하신 하나님의 본성에 관한 것이 아니기 때문이다. 이 여인이 여러 번 결혼했다는 사실은 그녀가 경험하고 있는 개인적인(그녀 자신에게 참인) 현실을 묘사하는 지극히 개인적인 사실이다.

누가도 '알레테스'를 비슷한 의미로 사용했다. 그는 베드로가 하나님의 천사 덕분에 기적처럼 감옥에서 풀려난 사건을 묘사하면서 이렇게 말했다. "베드로가 나와서 따라갈

/ 무엇에든지 참되며 /

새 천사가 하는 것이 생시(알레테스)인 줄 알지 못하고 환상을 보는가 하니라"(행 12:9). 베드로가 감옥에서 나온 경험은 그가 헷갈린 것처럼 환상이 아니라 사실이고 참이었다. 여기서도 '알레테스'는 초월적 진리가 아니라 개인적인 현실을 지칭하는 의미로 사용되었다.

두 현실

'알레테스'란 단어가 초월적인 측면과 개인적인 측면, 이렇게 두 가지로 사용되었다는 점이 왜 중요할까? 이것이 빌립보서 4장 8절과 무슨 상관일까? 또 우리가 추구해야 할 사고와 무슨 관계가 있을까?

우리가 이해해야 할 점은 이것이다. 모든 초월적 진리는 개인적인 사실이 될 수 있고 되어야만 한다. 하지만 모든 개인적인 사실은 본질상으로도 실질적으로도 초월적이지 못하다. 이 둘을 구분하는 것은 매우 중요하고 유용하다. 우리 사고의 대부분은 개인적인 현실(우리의 사실)과 성경에 나타난 하나님의 초월적인 현실(하나님의 진리)의 '교차점'에 관한 것이 될 수 있고 되어야만 한다. 하지만 동시에 이 둘을 구분할 수 있어야 한다. 모든 개인적인 현실을 초월적인 현실로 여기지 말아야 한다. 그 이유는 간단하다. 타락한 인간은 그릇된 인식과 왜곡된 논리에 빠지기가 너무 쉽기 때문이다.

앞서 살폈듯이 모든 초월적 진리는 본질적으로 참이다. 그 진리는 초월적인 현실 안에 있기 때문이다. 동시에 모든 개인적인 진리가 참이지는 않다. 베드로가 감옥에서 풀려날 때 자신의 지각을 의심했던 사실에서 이 점을 확인할 수 있다. 이런 진리에 관한 성경적 구분을 더 깊이 탐구해보면 두 가지 중요한 의미를 발견할 수 있다.

첫째, 초월적 진리가 개인적인 사실과 교차할 때 우리는 '진짜 현실' 위에 서 있는 것이다. 목사로서 나는 이런 종류의 교차를 자주 본다. 얼마 전, 우리 교회에서 주일 아침 예배가 끝난 뒤 한 자매가 나를 찾아와 최근 직장에서 들은 나쁜 소식을 전했다. 경기가 나빠지면서 그녀는 직장을 잃을 위기에 처했다. 좋은 직장이었다. 이 직장 덕분에 홀로 어린 두 아이를 잘 키울 수 있었다. 비슷한 일에 이만한 봉급을 주는 직장을 구하기는 쉽지 않았다.

계속된 대화에서 이 여성은 자신의 상태를 더없이 솔직하게 고백했다. "목사님, 하나님이 선하시고 주권적이시라고 믿습니다. 제 상황은 하나님께 전혀 뜻밖의 일이 아닙니다. 하나님은 만사를 온전히 다스리고 계십니다. 하나님은 저와 제 아이들에게 신실한 모습을 보여주셨습니다. 그런데도 여전히 두렵습니다. 두려움이 너무 큽니다." 단순히 감정적인 혼란처럼 보이는 그 순간, 내 눈앞에서 개인적인 사실이 초월적인 진리와 교차하고 있었다. 이 자매는 현실을 바로 보려고 애쓰고 있었다. 그녀는 지나친 긍정이나 부정으로 흐르지 않은 채 자신의 개인적인 현실을 용감하게 직시했다. 그녀의 개인적인 상황은 실질적이고 두려웠다. 하지만 동시에 그녀는 하나님의 신실하심과 선하심, 돌보심에 관한 초월적인 진리를 보기 위해 애를 썼다.

나는 믿음이 오랜 시간에 걸쳐 자란다는 사실을 알기에 이렇다 저렇다 설명하기보다는 단순히 그녀와 함께 기도해주었다. 그녀가 직장을 잃지 않게 해달라고, 하나님의 능력과 임재가 그녀를 더 깊은 믿음과 확신으로 이끌어달라고 기도했다. 또 하나님께 그녀의 가족에게 필요한 것을 계속해서 공급해달라고 기도했다. 나는 그녀가 개인적인 사실과 초월적인 진리의 교차점 안에 거하기를 원했다.

이야기는 해피 엔딩으로 끝난다. 하나님은 직장을 지켜달라는 우리의 기도에 응답해주셨다. 또한 하나님은 이 상황을 통해 그녀에게 평안을 주셨다. 그녀가 '무엇에든지 참된 것'을 생각해서 얼마나 다행인지 모른다. 그녀가 초월적인 진리와 개인적인 사실의 교차점을 외면하거나 회피하지 않아서 얼마나 감사한지 모른다.

일상에서 우리의 개인적 현실이 하나님의 초월적인 진리

와 교차할 때가 수없이 많다. 한편으로, 이 교차점은 일터에서의 문제, 자녀에 관한 나쁜 소식, 가족 사이의 문제 가운데 나타날 수 있다. 심지어 믿음의 위기나 의심 속에서 나타날 수도 있다. 반대로, 이 교차점은 뜻밖의 축복이나 기쁨, 아름다운 자연 속에서 나타날 수도 있다.

위대한 중심 잡기

나는 개인적 현실과 초월적인 현실의 이런 교차를 '위대한 중심 잡기'(Great Centering)라고 부른다. 이것은 하나님의 진리가 우리의 진실과 만나는 것이다. 이렇게 되면 이번 장의 첫머리에서 이야기했던 너무 부정적인 모습이나 너무 긍정적인 모습 중 한쪽으로 치우치지 않는다. 초월적인 현실과 우리 자신의 개인적인 현실을 둘 다 인식하고 존중하면 육체적, 감정적, 지적, 관계적, 영적으로 모두 참된 것을 중심으로 살아갈 수 있다. 참된 것을 생각하고 참된 것에 따라 살아가면 상황이 좋든 나쁘든 있는 그대로의 현실 위에 굳게 서 있을 수 있다. 우리의 사실이 하나님의 진리와 만날 때마다 우리는 현실에 단단히 닻을 내리고 있는 셈이다. 그리고 하나님은 언제나 그런 진짜 현실 속에서 발견된다.

다섯 번 결혼했던 그 우물가의 여인에게 바로 이런 중심

잡기가 이루어졌다. 다섯 번의 결혼 생활 실패와 여섯 번째 남자와의 현재 관계에 관한 개인적인 사실이 공개된 뒤 여인은 초월적인 현실 자체이신 분 앞에서 자신의 개인적인 현실이 초월적인 현실과 교차하는 것을 경험했다. 개인적인 현실이 적나라하게 드러난 상황에서 예수님과 교차하는 순간, 즉 개인적인 사실이 초월적인 진리와 교차하는 순간, 여인은 새로운 관계적 삶을 경험하고 발견했다. 하나님이 자신의 상상보다 훨씬 더 진짜라는 사실을 발견한 것이다. 그녀는 하나님이 "영과 진리로"(요 4:23) 예배받기를 원하신다는 사실을 깨달았다. 또 예수님이 "영생하도록 솟아나는 샘물"(14절)이라고 부르신 것을 갈망하게 되었다. 개인적 현실과 초월적 현실이 교차하면서 영적인 불꽃이 튀었다. 여인은 진짜 현실에 따라 생각하는 법을 배웠다. 자신의 상황을 바라보는 그녀의 시각이 변하기 시작했다. 그리고 그녀의 영혼이 회복되기 시작했다. 이야기의 결말을 보면, 이 여인은 예수님이라는 현실을 이해하게 되었다. 그뿐만 아니라 그녀의 많은 이웃도 예수님을 "세상의 구주"(42절)로 알게 되었다.

개인적 현실과 초월적 현실의 교차 순간에 우리는 내 오랜 멘토가 표현한 '하나님의 목격'이라는 것을 경험하게 된다. 이는 '현실을 생각하게' 되는 순간이다. 이 순간 우리는 진짜 현실을 깨닫게 되며, 우리의 개인적 현실이 초월적 현실과 온전히 교차하게 된다. 성경에 나타난 하나님의 초월적인 진리가 우리의 개인적인 현실에 의도한 영향을 미치게 해야 한다. 하나님의 초월적인 진리의 시각을 통해 우리의 개인적인 현실을 이해할 때 우리는 진짜 현실에 진정으로 닻을 내리게 되고, 그 지점에서 하나님은 우리를 만나주신다. 우리가 그 교차점에 머물 때 하나님이 평강과 기쁨을 주신다.

이번에는 두 현실을 구분해서 볼 때 나타나는 두 번째 중요한 효과를 살펴보자. 개인적인 사실과 초월적인 진리를 제대로 구분할 줄 알면 겸손한 태도, 열린 태도를 유지할 수 있다.

몇 년 전 나는 사회에 꼭 필요한 훌륭한 비영리 단체의 이사회에서 활동한 적이 있다. 그런데 이런 단체에서 흔히 그렇듯, 이사회가 잘 연합되지 않았다. 이 단체는 50년간 어려운 사람들을 도와온 유서 깊은 단체였다. 하지만 역사가 오래되면 기존의 방식에 갇히고 객관성을 잃기 쉽다. 이런 상황에서는 대개 인력과 프로그램을 모두 바꾸어야 한다. 당시 우리는 그런 상황에 처해 있었고, 이사회는 단합되어 있지 못했다. 나는 외부의 도움을 구하는 것을 두려워한 적이 없다. 그래서 지혜와 경험이 많은 조직 전문 컨설턴트를 고용해 하루 동안 우리의 상황을 살피고 의견을 달라고 부탁했다.

애리조나주의 한 수련원에 모두 모였던 날을 평생 잊지 못할 것 같다. 나는 다른 이사들에게 왜 내가 제안한 변화와 성장 계획에 반대하는지 이해할 수 없다고 말했다. "저는 이사회에 제안할 때마다 신중을 기합니다. 수개월, 때로는 수년 동안 고민하고 다듬은 계획이 아니면 절대 내놓지 않습니다. 그래서 제가 내놓는 아이디어가 모두 옳고 우리 단체의 미래에 유익하다고 90퍼센트 확신합니다."

그때 컨설턴트가 나를 유심히 쳐다보며 물었다. "목사님이 50퍼센트만 완성된 아이디어를 이사회에 내놓고 나머지는 함께 완성하면 어떨까요?" 나로서는 전혀 뜻밖의 질문이었다. 한 공동체의 리더로 살아오면서 이런 방식을 거의 20년 넘게 고수했다. 나는 이렇게 대답했다. "그러면 기분이 찜찜할 것 같습니다. 충분히 완성되지도 않은 아이디어를 내놓으면 제 리더십이 흔들릴 것 같습니다. 제 부친께서는 법률가셨는데, 늘 이런 식으로 큰 소송을 준비하셨습니다. 이 방법은 항상 효과적이었기 때문에 저도 그렇게 해오고 있습니다."

그 지혜로운 컨설턴트는 나를 보고 웃으며 이렇게 대답했다. "하지만 여긴 법정이 아니지 않습니까? 이 이사님들도 배심원이 아니고요. 지금 목사님은 이 조직을 위한 하나님의 뜻을 함께 찾으려고 하십니다. 또 단합하길 바라고 있고요. 목사님에게는 서로 존중하고 이 사역에 열정을 품은 십여 명의 경험 많은 이사님이 계십니다. 서로 협력해야 합니다. 아이디어를 좀 더 빨리 내놓고서 함께 머리를 맞대십시오."

그 순간은 내 삶과 리더십의 분수령과도 같았다. 나 자신의 의사 결정을 너무 과신했다는 사실을 깨달았다. 내가 옳다고 생각하는 점을 동료 리더들에게 설득하려고만 했었다. 그때부터 나는 생각을 정리하는 과정에서부터 다른 사람을 참여시키려고 노력하고 있다. 내 개인적인 사실이 항상 내 생각만큼 확실한 건 아니며, 많은 사람의 의견을 듣고 판단해야 한다는 사실을 깨달았다. 이런 깨달음 덕분에 성경의 전도서 4장 12절과 잠언 15장 22절이 얼마나 지혜로운 말씀인지를 새삼 느끼게 되었다. "세 겹 줄은 쉽게 끊어지지 아니하느니라." "의논이 없으면 경영이 무너지고 지략이 많으면 경영이 성립하느니라." 그 뒤로 그 단체가 옳은 방향으로 변화하고 규모가 커지며 계속해서 성과를 내는 것은 전혀 우연이 아니다. 아내는 내가 더 나은 사람이 된 것이 한 요인이라고 말했다.

요지는 이렇다. 내가 개인적인 사실과 하나님의 불변하

고 확실하며 초월적인 진리를 구분하지 못했다면 현실을 바라보는 나의 시각이 잘못되었을 가능성을 고려할 만큼 겸손하지 못했을 것이다. 그리고 주변 사람들과 잘 협력할 수 없었을 것이다. 나는 개인적인 사실에 초월적인 무게를 부여할 때가 너무도 많았다. 그리고 그럴 때마다 대부분 힘든 상황이 벌어졌다.

우리는 하나님이 아니다

하나님의 초월적인 진리와 우리의 개인적인 사실을 구분하는 것이 중요한 이유 중 하나는 그것이 하나님의 진리가 항상 옳고 우리의 진실은 항상 옳지는 않다는 점을 인정한다는 뜻이기 때문이다. 우리는 이 점을 알고 있다. 단지 인정하기가 힘들 뿐이다. 다음과 같은 상황을 생각해보라.

- 배우자나 친구와 논쟁하는데, 자신이 옳고 상대방은 틀리다고 절대적으로 확신한다.
- 자신의 마음에 들지 않는 결정을 내린 상사를 속으로 욕한다.
- 결혼한 자녀의 자녀 양육법을 보며 고개를 내젓는다.
- 부모가 이렇게 저렇게 하라고 하면 자녀는 부모가 뭘

모른다거나 시대에 뒤떨어졌다고 생각한다.

이것은 우리에게 주기적으로 생기는 개인적인 현실의 사례다. 문제는 우리가 개인적인 현실을 초월적인 현실처럼 (마치 진리가 위에서 우리에게 내려온 것처럼) 생각할 때가 많다는 것이다. 우리는 개인적인 현실에 하나님의 영원한 진리에 맞먹는 무게를 부여할 때가 많다. 심지어 우리의 입장을 뒷받침해줄 성경 구절을 찾아 자기 의를 내세우기도 한다. 그러면서 왜 주변 사람들과 관계가 좋지 않은지 의아해한다.

'알레테스'는 성경을 통해 우리에게 오는 하나님의 불변하는 초월적 진리와 우리의 타락한 본성에 영향을 받는 개인적인 사실, 이렇게 두 가지를 지칭한다. 우리가 이 점을 이해하고 진정으로 받아들인다면 어떻게 될까? 이 두 가지 현실에 각각 적정한 무게를 부여한다면 우리의 삶이 어떻게 될까? 또 하나님의 진리는 확신하되 우리의 사실에 관해서는 겸손함과 열린 마음을 품는다면 삶이 어떻게 변할까? 우리가 이렇게 하면 최소한 다른 사람들이 우리를 더 좋아하고 편안하게 여길 것이다.

'진리를 생각하는' 법을 배우면서 성경적인 "무엇에든지"의 정신에 따라 우리 삶 속에서 나타날 모든 가능성을 꿈꾸자. 좋고 나쁜 일을 겪을 때마다 개인적인 현실과 초월적인 현실의 교차점을 보자. 우리의 상황을 있는 그대로 보되 하나님의 약속을 잊지 말자. 개인적인 사실과 초월적인 진리를 구별하고 이 둘에 각각 적절한 무게를 부여하자. "무엇에든지 참되며…이것들을 생각하라."

하나님을 경험하라

우리가 처음 했던 이야기로 돌아가 보자. 의사의 진단에는 귀를 기울여야 한다. 회사가 합병하면 인원 감축은 이루어질 수밖에 없다. 아이는 교장실에 있고, 교장을 만나봐야 한다. 이것은 우리가 다루어야 할 엄연한 개인적인 현실이다. 잔이 반이나 비었다고 생각하는 사람들은 이렇게 말할 것이다. "무엇에든지 참된 것들을 생각하라고? 내 눈앞에 펼쳐진 이 상황이 지독히 힘들다는 것이 바로 참된 사실이지. 정말 힘든 상황이야. 인생이 엉망이야. 하나도 내 뜻대로 되질 않아." 잔이 반이나 찼다고 생각하는 사람들은 이렇게 말할 것이다. "좋은 면을 봐. 아직 살아 있는 게 사실이잖아. 나는 아직 숨을 쉬고 있어. 아직 끝난 게 아니야. 암(혹은 실직이나 반항적인 아이)과 싸워야 할지 모르지만 결국 이겨낼 거야."

상황에 대한 세상의 사고방식과 반응은 대개 영혼을 갉

아먹는 비관주의나 피상적인 낙관주의, 둘 중 하나로 치우친다. 이 외에도 다음과 같은 반응을 보일 수도 있고, 그중에는 꽤 유용한 것도 있다. "최고의 암 전문의를 찾아가자." "빨리 이력서를 내고 인맥을 동원하자." "아이에게 좋은 상담자를 붙여주자." 하지만 이렇게 해도 여전히 혼란스럽다. "뭔가가 더 있어야 하지 않나? 더 좋은 시각이 있지 않을까? 이 상황에서 하나님은 어디에 계시는가? 예수님이 말씀하신 '생수의 강'은 어디에 있는가?"

우리의 생각 속에서 개인적인 현실과 초월적인 현실이 교차한다면? 우리의 개인적인 상황이 하나님의 약속에 근거한 그분의 초월적인 현실과 교차한다면? 하나님은 힘든 순간에 '임재'를 약속하셨다(마태복음 18장 20절에 기록된 예수님의 말씀을 보라). 또 혼란의 한복판에서 신성한 '목적'을 약속하셨다(고린도후서 4장 16-18절에 기록된 바울의 경험을 보라). 심지어 하나님은 우리에게 가장 필요할 때 '힘'을 주겠노라고 약속하셨다(고린도후서 12장 7-10절에 기록된 바울의 경험을 보라). 임재, 목적, 힘! 우리의 삶이 이런 것과 교차할 수 있다면? 물론 그럴 수 있다. 다만 그러려면 "무엇에든지 참된" 것을 생각해야 한다. 개인적인 현실의 한복판에서 하나님의 초월적인 진리를 볼 수 있어야 한다. 실례를 들어보겠다.

의사에게 걱정스러운 진단을 들은 사람은 이렇게 생각할 수 있다. '물론 나쁜 소식이 날아올 수도 있어. 이로 인해 내 삶이 송두리째 바뀔 수도 있어. 하지만 아직 아무것도 모르잖아. 아직 검사 결과는 나오지 않았어. 하지만 하나님은 결과를 이미 알고 계셔. 그리고 하나님은 미래까지도 내 모든 날을 이미 정해놓았다고 말씀하셨어. 따라서 이 일도 모두 하나님의 손안에 있어. 그분이 나와 함께 계셔.'

실직의 위기에 놓인 사람은 이렇게 생각할 수 있다. '두렵고 떨리지만 예전에도 비슷한 일을 겪었고, 그때마다 하나님은 그 일의 목적을 보여주셨어. 이번에도 뭔가 목적이 있으신 게 분명해. 끝까지 버티겠어!'

아이 문제로 교장과 만나기로 한 사람은 이렇게 생각할 수 있다. '아이가 잘한다는 말을 듣기 위해 교장실에 가는 경우는 거의 없지. 이 경우는 예외일 수도 있고 아닐 수도 있어. 어찌 되었든 이 일을 다룰 힘이 필요해. 하나님은 우리에게 어떤 상황이든 너끈히 다룰 힘을 주신다고 했어. 이 진리만을 바라보겠어.'

임재, 목적, 힘. 하나님의 초월적인 약속이 우리의 혼란스러운 삶과 교차하고 있다. 그리고 혹시 아는가? C. S. 루이스의 말처럼 우리가 '예기치 못한 기쁨'을 만나게 될지.[3]

3장

어떤 상황에서도 침착하게 생각하는 훈련하기

"무엇에든지 경건하며"

그리스도인의 성숙함 가운데 중요한
한 가지는 하나님으로 인해 굳건해지고
감정과 상황에 점점 덜 휘둘리게
되는 것이다.

트윌라 패리스(Twila Paris)

누구나 충격이나 분노, 심지어 혐오감으로 반응할 만한 당신에 관한 사실을 간신히 용기를 내어 누군가에게 털어놓았는데 뜻밖에도 그 사람이 그런 식으로 반응하지 않았던 경우가 있는가? 분명히 당신은 그런 경험을 해보았을 것이다.

예를 들어, 상담 전문가를 만나면 이런 경험을 할 수 있다. 보통 사람이 강하게 반응할 만한 사실을 털어놓아도 대개 상담자는 그렇게 반응하지 않는다. 이것이 고객이 상담자를 다시 찾아가는 이유다.

비슷한 맥락에서, 천주교를 믿는 내 친구들은 신부에게 고해할 때 이런 경험을 한다고 말한다. 보통 사람은 충격받거나 심하게 비난할 만할 말을 해도 신부들은 그렇게 반응하지 않는다. 오히려 유심히 듣고서 은혜와 용서의 어조로 반응한다. 이것이 친구들이 신부를 다시 찾아가는 이유다.

어떤 사람은 진정한 친구가 이러해야 한다고 말한다. 진정한 친구끼리는 가장 깊고도 어두운 부분을 거리낌 없이 털어놓을 수 있다. 진정한 친구는 상대방을 받아줄 뿐 아니라 지혜로운 조언까지 해준다. 이것이 우리가 친구를 다시 찾아가는 이유다.

예수님은 "비판을 받지 아니하려거든 비판하지 말라"(마 7:1)고 말씀하셨다. 좋은 말이지만, 정말로 이렇게 사는 사람을 찾기란 여간 힘들지 않다는 사실을 우리는 모두 경험해 봐서 잘 안다. 그래서 우리는 너무 많은 사람이 너무 가까이 다가오지 못하도록 울타리를 치고 살아간다.

즉각 반응하지 않는 정신

쉽게 반응하지 않는 정신의 소유자를 만나면 환영받는 느낌, 안전한 느낌을 받는다. 이런 정신의 특징은 일관성과 은혜이며, 사려 깊고 지혜로운 느낌을 준다. 이런 정신을 소유한 사람은 깊이 생각한 뒤에 행동하거나 반응한다. 우리는 이런 사람에게 끌리며 자기 삶을 기꺼이 드러내 보인다.

나는 예수님이 이 땅에 사실 때 사람들이 그분께 처음 끌린 이유가 즉각 반응하지 않는 정신 때문이라고 생각한다. 예를 들어, 요한복음 8장에서 예수님은 간음하다가 붙잡혀 종교 지도자들에게 심한 창피를 당한 여인을 만나셨다. 하지만 예수님은 괴롭힘에 동조하지 않으셨다. 그 대신 예수님은 조용히 손가락으로 땅 위에 뭔가를 쓰고서(고요한 묵상 행위) 이런 유명한 말씀을 하셨다. "너희 중에 죄 없는 자가 먼저 돌로 치라"(7절).

예수님의 수제자 중 하나였던 베드로가 예수님을 모른다고 했을 때는 어떤가? 그때 베드로는 지독한 수치심에 휩싸였다. 굳이 종교 지도자들이 손가락질하지 않아도 이미 수치심은 극에 달한 상태였다. 그때 예수님은 자신을 사랑하느냐고 세 번이나 부르시면서(전혀 반응을 보이거나 비판하지 않는 행위) 베드로를 다시 받아주셨다.

예를 들자면 끝이 없다. 예수님이 만나셨던 모든 사람을 생각해보라. 세관에 앉아 있던 마태, 치유하려고 예수님을 만졌던 군중 속의 이름 모를 여인, 친구들의 도움으로 지붕을 뚫고 내려와 예수님의 설교를 중단시켰던 중풍 병자, 예수님을 보기 위해 나무에 올라가야 했던 키 작은 삭개오. 이런 만남의 공통점은 예수님의 즉각 반응하지 않으시는 태도다. 예수님은 생명을 주는 열정과 진리만이 아니라 은혜와 이해도 가득한 모습을 보여주셨다. 이 사람들은 침착하고 차분한 예수님을 만났다.

요점은 분명하다. 성숙한 그리스도인은 즉각 반응하지 않는 방식으로 생각한다. 그들은 예수님처럼 침착하고도 차분한 태도로 주변 세상을 바라본다. 우리는 이런 태도를 취하는 사람에게 끌리고 이런 사람 곁에서 가장 안전함을 느낀다. 이런 태도는 평안과 기쁨을 가져다준다.

"무엇에든지 경건하며"

빌립보서 4장 8절의 다음 부분은 무엇이든 경건한 것에 관해 생각하라고 말한다. 여기서 '경건한'에 해당하는 헬라어는 꽤 흥미로운 단어다. 이 단어는 '셈노스'(semnos)인데, 신약에서 겨우 네 번밖에 사용되지 않았다. 사촌 격 단어인 '셈노테스'(semnotes)까지 치면 세 번 더 사용되었다. 대부분 성경 역본은 '셈노스'를 '훌륭한, 존경할 만한, 위엄 있는'으로 번역했다.

옛 그리스인은 제우스나 헤르메스 같은 그리스의 신들을 묘사할 때 이 단어를 사용했다. '셈노스'는 신들의 위대함과 위엄을 지칭했다. 신들의 드높음, 영광과 예배를 받아 마땅함을 표현하기 위해 이 단어를 사용했다. 하지만 신약 저자들이 이 단어를 사용할 즈음에는 '진지함'이나 '엄숙함'을 지닌 인간을 지칭하는 것으로 그 의미가 변했다.[1] 그래서 이 단어는 이제 무게의 의미를 지니게 되었다. 사려 깊고 한결같은 사람, 주변 상황에 쉽게 흔들리지 않는 사람을 의미하게 되었다.

신약에서 이 단어가 집사(심지어 집사의 아내까지)의 품성을 묘사할 때 사용된 것으로 보아 이 의미가 적합해 보인다(딤전 3:8, 11). 집사는 실질적인 도움을 주는, 다른 사람을 섬기는 교회 리더였다. 또 힘든 상황에서 지혜를 내놓는 사람이기도 했다. 집사가 처음 등장하는 구절은 사도행전 6장에서다. 사도행전 6장은 어려운 과부를 돕는 집사들을 보여 준다. 집사는 과부들 사이의 분쟁을 조정하기도 했다. 그에 걸맞게 그들은 "성령과 지혜가 충만하여 칭찬받는 사람"(행 6:3)으로 불렸다. 한결같고 지혜로운 하나님의 종들은 쉽사리 흔들리지 않는다. 셈노스.

신약의 더 뒷부분에서는 나이 든 남자가 "경건(셈노스)"(딛 2:2)해야 한다고 말한다. 또 리더들에게 "선한 일의 본을 보이며 교훈에 부패하지 아니함과 단정함(셈노스)과 책망할 것이 없는 바른말을 하게 하라"(딛 2:7-8)고 말한다. 그뿐 아니라 모든 사람이 "모든 경건(셈노스)과 단정함으로 고요하고 평안한 생활"(딤전 2:2)을 하라고 명한다. 심지어 셈노스라는 단어는 양육과 관련해서도 쓰였다. "모든 공손함(셈노스)으로"(딤전 3:4) 자녀를 양육하라고 말이다. 요지는 분명하다. 훌륭한 인간, 리더와 부모, 배우자는 생각의 이런 측면을 갖고 매일 살아간다.

이것은 어느 한 단어로 정리하기에는 어려운 개념이다. 사실 영어 성경 역본들은 이 단어를 제대로 번역하지 못했다고 생각한다. '셈노스'에는 단순히 '경건'이나 '공손'만으로는 다 담아낼 수 없을 만큼 많은 뜻이 담겨 있다.

이 단어 이면의 역사적 성경적 데이터를 전부 종합하면 한결같고 사려 깊으며 논리적이고 인생의 고난 앞에서 은혜 충만한 모습을 보이는 사람의 모습이 나타난다. 이 사람의 생각에는 무게가 있어서 외부의 압박에 쉽게 움직이지 않는다. 고집이 세거나 무정한 사람과는 다르다. 이 사람은 한결같고 굳건한 생각으로 주변 세상을 대한다.

빌립보서 4장 8절의 저자는 무엇이든 경건한 것에 관해 생각하라고 말할 때 좀처럼 흔들리지 않는 종류의 생각을 상상했다. 이런 생각을 지닌 사람은 주변의 상황에 쉽게 반응해서 성급하게 행동하지 않는다. 이런 정신을 지닌 사람은 주변 상황이 가열될 때 흥분을 가라앉힐 줄 안다. 요컨대 이런 사람은 '즉각 반응하지 않는' 생각을 품고 있다.

이해할 만한 오해

혹시 지금쯤 이런 생각을 하고 있지는 않은가? '이런 사람이 좋은 사람이기는 하지. 나도 언젠가 이런 사람이 되면 좋겠어. 하지만 믿을 만하고 성실할지는 몰라도 좀 따분한 사람처럼 보여. 도무지 재미가 없는 사람 같아. 근엄하기 짝이 없는 우리 할아버지와 마더 테레사를 섞으면 이런 사람이 되지 않을까 싶어!'

좋은 지적이다. 사실 그렇게 생각할 만도 하다. '셈노스'는 그만큼 이해하기 어려운 개념이다. 이렇게 생각하면 도움이 될지도 모르겠다. 반응을 잘 안 하는 사람도 행동은 한다. 다만, 반사적으로 반응하지 않을 뿐이다. 반응을 잘 안 하는 사상가는 냉담하고 무관심한 사람이 아니라 비전과 열정으로 넘치는 사람이다. 그의 존재 깊은 곳에는 강한 확신이 타오르고 있다. 단지 그들은 행동하기 '전에' 충분한 고민으로 지혜와 분별력을 발휘할 뿐이다. 그렇게 하면 흥분이 가라앉아서 여느 사람처럼 성급하게 행동하지 않게 된다.

사실 역사상 가장 위대한 비전과 강한 열정을 지닌 사람 가운데 상당수가 즉각 반응하지 않는 사고방식의 소유자였다. 예를 들어, 미국 제3대 대통령이자 독립선언문 작성자였던 토머스 제퍼슨(Thomas Jefferson)은 초기 미국의 내외적 문제에 관해 행동할 때 극도로 사려 깊은 모습을 보여주었다. 그를 변덕스럽거나 충동적이라고 평한 사람은 거의 없었다. 그는 혁명적일지는 몰라도 충동적이지는 않았다. 동시에 그는 대화를 좋아하고 야외의 모든 것을 사랑했다. 그가 가장 좋아하는 곳 중 하나는 버지니아주의 시골 풍경이 내려다보이는 한 언덕 위에 있는 몬티첼로라는 농장이었다. 그는 그 농장에 자주 가서 총을 쏘고 산책하며, 식물을 심고 가지치기를 하며 심지어 발명도 했다. 그가 현재를 살았다면 스포츠카를 몰았을지도 모르겠다. 그는 성격이 따분한 행정가와는 거리가 멀었다. 당시 가장 어려운 문제를 놀라운 지혜로 다룬 침착하고 비반응적인 사람이었다. 동시에 어디를 가나 확고함과 카리스마로 사람들에게 열정을 불어넣었다. 그리 나쁘지 않은 조합이다.

유명한 영국 총리 윈스턴 처칠(Winston Churchill)도 열정과 개성이 지혜롭고 비반응적인 태도와 공존할 수 있음을 보여주는 인물이었다. 처칠은 제2차 세계대전의 공포 속에서 놀라운 지혜와 통찰력으로 영국을 이끌었다. 그의 용기와 시기적절한 결단 덕분에 영국(그리고 유럽 대부분)은 나치의 만행에 맞설 자신감과 결단력을 얻을 수 있었다. 그가 한 유명한 말, "우리는 절대 항복하지 않을 것이다"는 두려움과 혼란에 사로잡혔던 한 세대 전체를 일으켜 세웠다. 그가 보여준 리더십은 한결같고 확신에 차 있었다. 하지만 동시에 그는 남다른 위트와 유머를 지닌 인물이었다. 또한 화끈한 성격의 소유자이기도 했다. 그의 입에서는 쉴 새 없이 농담이 튀어나왔고, 늘 시거가 물려 있었다. 그는 절대 따분한 사람이 아니었다.

역사는 주변 세상을 바꾼, 한결같고 비반응적 사고를 하며 비전을 품은 사람으로 가득하다. 마틴 루터 킹 주니어(Martin Luther King Jr.), 에이브러햄 링컨(Abraham Lincoln), 잔 다르크(Joan of Arc), 소저너 트루스(Sojourner Truth), 윌리엄 윌버포스(William Wilberforce)가 그러했다. 그들은 따분함과는 거리가 먼 인물로, 사려 깊고 한결같으며 즉각 반응하지 않는 사고방식을 지녔고, 동시에 비전과 확신, 열정으로 가득 차 있었다. 이것이야말로 진정 위대한 조합이다.

심장 그리스도인 대 신장 그리스도인

저자이자 신학자인 존 파이퍼(John Piper)는 '심장 그리스도인'과 '신장 그리스도인'을 구분하면서 "심장 그리스도인은 추구하는 명분의 심장과도 같다. 신장 그리스도인은 에너지를 분출하고 나서 피로해지는 신장과도 같다"[2]라고 말했다. 계속해서 그는 심장이 우리가 의식하나 의식하지 않으나 상관없이, "좋은 날이나 나쁜 날이나 행복할 때나 슬플 때나 기분이 들뜰 때나 가라앉을 때나 인정을 받을 때나 받지 못할 때나" 변함없이 뛰며, "절대 우리를 실망하게 하지 않는" 근육이라는 점을 지적했다.[3] 반면 신장은 순간적으로 폭발적인 에너지를 일으킨 뒤 잠잠해진다. 그렇다면 심장은 천천히 반응하지만 신장은 즉각 반응한다고 말할 수 있겠다. 파이퍼는 이런 결론을 내렸다. "(우리에게는) 단거리 주자가 아닌 마라톤 주자(가 필요하다)…심장 그리스도인이 필요하다. 그리스도인은 큰 안위가 아닌 큰 명분에 헌신한 사람들이다. 자기 자신과 자신의 가족, 자신의 교회를 넘어 더 큰 꿈을 꾸라고 간곡히 부탁한다."**4**

사실 내가 이런 사고방식에 그토록 매료된 이유 중 하나는 이런 사고방식이 내게 자연스럽지 못하기 때문이다. 사람마다 기질이 천차만별이다. 나의 기질은 혈기 왕성하고 에너지가 넘치며 외향적이고 열정적이며 방어적이다. 그래서 나는 주변 상황에 쉽게 반응한다. 아니, 단순히 반응하는 게 아니라 과잉 반응을 한다. 누구든 나를 아는 사람에게 물어보라. 특히 내 아내에게 물어보라. 몇 년 전 아내는 우리 집 현관에 이런 푯말을 세워놓았다. "친절하게 굴지 않으려면 떠나세요." 바로 나를 위해 세운 푯말이다. 우리 집을 찾아오는 사람마다 이 푯말을 보고 미소를 짓는다. 이 푯말을 볼 때마다 나는 무례하게 굴고 주변의 모든 상황에 반사적으로 반응해서는 안 된다는 사실을 다시 떠올린다. 정신 차리지 않으면 나도 모르게 그런 반응이 나온다. 창피한 일이지만 내 타락한 본성은 그런 반응을 좋아한다.

나는 '심장형' 사고 쪽으로 나아가기 위해 매일 부단히 애를 쓴다. 에너지와 비전, 열정은 늘 넘치기에 어떤 상황에든 성급하고 무모하게 반응하기가 너무 쉽다. 내 목표는 성급하게 반응하지 않고, 성령이 내 영혼에 불어넣어 주시는 이성과 진리를 받아들이는 것이다. 또 예수님이 그러셨듯이 주변 세상에 사랑과 이타심으로 반응하는 것이다. "무엇에든지 경건하며."

경건한 생각을 향해 나아가는 법

그렇다면 어떻게 해야 이렇게 될 수 있을까? 하나님이 원하시는 즉각 반응하지 않는 생각을 기르려면 무엇을 해야 할까? 남들이 좋아하고 귀를 기울이는 사고의 소유자가 되기 위해서 어떤 단계를 밟아야 할까?

성경은 즉각 반응하지 않는 사고를 기르는 데 도움이 되는 방법을 소개한다. 세월의 검증을 거친 방법이다. 이것은 세 단계로 이루어져 있는데, 이전 단계의 기초 위에 다음 단계가 이루어진다. 이 단계는 다음과 같다.

자제력 ⟶ 지혜 ⟶ 꾸준함

자제력

젊은 시절 나는 자제력이 매우 부족한 사람이었다. 중년이 된 지금도 마찬가지이지만 젊은 시절에는 더 심했다. 앞서도 밝혔지만 천성적으로 나는 에너지와 비전이 넘치고 즉각 반응하는 사람이다. 그래서 압박감이 느껴질 때 너무 성급하게 반응하는 것이 나의 아킬레스건이었다. 몇 년 전 하루는 아내가 내게 말했다. "딱 5초만 세고서 행동하는 게 어때요? 머릿속에 있는 생각을 말하기 전에 조금만 시간 간격을 두는 거죠." 내게 꼭 필요한 조언이었다. 이는 상담자나 상식이 있는 사람들이 자주 추천하는 방식이다. 하지만 실제로 해보니까 5초로는 충분하지 않았다. 5초가 지난 뒤에도 여전히 내 머릿속은 경건하지 못한 반응을 보일 생각으로 가득했다.

그래서 나는 반응하기까지의 시간을 점점 '늘려'왔다. 5초는 1분으로 늘어났다. 하지만 여전히 충분하지 않았다. 그래서 1분은 다시 5분으로 늘어났다. 하지만 여전히 충분하지 않았다. 때로는 적절히 반응하기까지 몇 시간, 심지어 며칠이 필요하기도 했다. 요즘 내 아내는 이 시간을 '토라진 기간'이라고 부른다. 이렇게 일부러 시간 간격을 두면 반응을 늦추고 평정심을 되찾을 수 있다. 성경은 이것을 자제력이라고 부른다.

요즘에는 일터에서 회의하거나 어른이 된 자녀와 대화하거나 저녁 뉴스를 볼 때도 눈앞의 상황에 바로 반응하지 않는 경우가 많아졌다. 눈앞에서 벌어진 상황과 내 반응 사이에 일부러 시간과 공간의 간격을 둔다. 한번 이렇게 해보라.

좀 더 이성적이고 하나님께 영광이 되는 쪽으로 생각을 다듬을 시간과 공간의 여유를 내보라. 가만히 앉아 있는 것이 어리석게 느껴질지도 모르지만, 그것이 오히려 더 지혜로운 방법이다. 성경은 "사람마다 듣기는 속히 하고 말하기는 더디 하며 성내기도 더디 하라"(약 1:19)고 분명히 말했다. 이것이 자제이며, 자제는 언제나 좋은 결과로 이어진다.

자제력의 열쇠는 두 가지다. 바로 시간과 공간이다. 경건하고 즉각 반응하지 않는 생각을 하기 위해서는 반응하기 '전'에 의식적으로 시간과 공간을 만들어내야 한다. 이 둘이야말로 자제력의 처음이자 끝이다. 그리 영적인 이야기처럼 들리지 않을 줄 안다. 그래서 이번에는 영적인 표현으로 다시 말해보겠다. 자제력을 기르려면 성령이 우리의 속도를 늦춰 어떻게 반응할지 고민하고 기도하게 하실 수 있도록 일부러 시간과 공간을 내어야 한다.

성급하거나 비이성적으로 반응하고 싶을 때마다 자제력은 우리의 제1 방어선이 되어준다. 자제력은 충분히 생각하지 않고서 성급하게 말하거나 행동하지 않도록 막아준다. 이런 면에서 자제력은 사실 생각이라기보다는 의지의 행위다. 어쨌든 자제력은 후회할 말이나 행동을 하기 전에 충분히 '생각할' 틈을 만들어낸다. 이것은 과잉 반응을 하지 않고 충분히 생각하기 위한 첫 번째이자 꼭 필요한 단계다.

성경은 자제력을 "성령의 열매" 중 하나로 꼽는다(갈 5:22-23). 자제력은 예수님의 제자가 꼭 갖춰야 할 아홉 가지 특성 가운데 하나다. 성경은 자제력을, 하나님이 믿는 모든 사람에게 주시는 "하나님의 은사"로도 꼽는다(딤후 1:6-7). 자제력은 우리 영적 DNA의 일부다. 하나님을 믿는 사람 안에는 자제력이 있다. 요컨대 예수님의 제자에게 자제력이 부족할 이유는 조금도 없다. 따라서 변명은 있을 수 없다. 하나님은 우리가 반응하기 전에 말과 행동을 통제할 수 있도록, 그 능력을 기르고 발휘하는 데 필요한 모든 것을 주셨다. 자제력을 발휘하게 되면 이제 즉각 반응하지 않는 사고로 가기 위한 두 번째 단계를 밟을 준비가 된 셈이다. 이 단계는 바로 지혜를 발휘하는 것이다.

지혜

생각할 시간과 공간을 만들어낼 자제력을 발휘했다면 지혜를 갖출 완벽한 준비가 된 셈이다. 지혜는 적용된 지식으로 정의되며, 무엇을 해야 할지 알게 해준다. 또 지혜는 실질적인 통찰이고, 상황을 올바로 다루게 해주는 생각이다.

몇 년 전 나의 한 친구가 정밀한 뇌 수술을 받았는데 결과가 좋지 않았다. 수술 도중 발작이 일어나 뇌의 일부에 산소 공급이 차단되었다. 그 결과 몸의 오른쪽에 영구 마비가

왔다. 그로 인해 걷기가 무척 힘들어졌고, 휠체어 생활을 해야만 했다. 언어 장애도 와서 때로는 말 한마디 내뱉는 데도 한참을 고생해야 했다. 온종일 현기증에 시달리고, 무엇보다도 눈이 침침해져서 그토록 좋아하던 독서 같은 지적인 활동도 제대로 할 수 없게 되었다.

처음에는 물리 치료가 어느 정도 효과를 발휘했지만 언제부터인가 더는 진전이 없었다. 지난 몇 년간 친구는 발작 후유증으로 양질의 삶을 살 수 없었다. 대부분 시간을 집에 갇혀 글도 못 읽고 장문을 말하려면 진땀을 흘려야 했다. 게다가 온종일 내적 좌절감과 싸워야만 했다. 심란한 마음에 그저 텔레비전 앞에 앉아 있기 일쑤였다.

이런 생활을 몇 년간 하다가 내 친구는 삶을 포기했다. 하루는 그의 아내가 내게 전화를 걸어 친구가 최근 단식을 하기 시작했다고 말했다. 더는 살고 싶어 하지 않았던 친구가 죽기 위한 방편으로 물과 음식을 끊으려고 한 것이다. 당연히 그의 가족은 큰 근심에 빠졌다. 그래서 나는 친구네를 방문했다. 가서 보니 친구는 음식은 먹지 않고 술만 마시고 있었다. 곡기를 끊어 목숨을 끊으려고 작정한 듯싶었다. 정말 심각한 상황이었다.

이후 몇 주간 나는 친구와 많은 시간을 보냈다. 그에게 일어나는 모든 일에 관해 이야기를 나누었고, 아직 살아야 할 이유가 많다는 점을 설득하려고 애썼다. 너의 아내와 자녀, 손자, 친구들을 생각하라고 말했다. 하나님이 더 자연스러운 방법으로 본향에 부르실 때까지 버티는 것이 신앙인의 자세라고 말하며, 고난 가운데서도 하나님을 의지하며 평강을 누렸던 위대한 성도들의 이야기도 들려주었다. 친구의 상황을 스티븐 호킹같이 더 힘든 사람의 상황과 비교하면서 그에게는 여전히 살아갈 이유가 충분하며, 그가 세상에 기여할 수 있는 일이 많다고 말했다. 하지만 아무런 소용이 없었다. 친구는 그저 죽기만을 원했다. 음식은 먹지 않고 술만 마시다 죽겠다는 의지가 너무도 확고했다.

나는 사람의 마음을 바꾸기 위한 인간의 노력에는 한계가 있음을 오래전에 깨달았다. 인간의 설득보다는 기도야말로 가장 강력한 변화의 원천이다. 그래서 나는 친구를 위해 기도하기 시작했다. 하나님께 그의 마음을 바꿔 달라고, 그에게 살아갈 이유를 달라고 기도했다. 친구에게 성급한 행동을 하지 않을 자제력과 옳은 행동을 선택할 지혜를 주시라고 기도했다. 그에게 살고 싶은 마음을 달라고 기도했다. 그리고 내가 이런 기도를 한다는 말은 친구에게 하지 않고 그냥 계속해서 기도만 했다.

그날을 평생 잊을 수 없을 것이다. 몇 주 뒤 친구를 찾아갔는데 변화의 기색이 역력했다. 안색은 마음의 상태를 보여줄 때가 많은데, 친구의 안색이 전과는 완전히 달라져 있었다. 내가 어찌 된 일인지 묻자 친구는 뭔가를 깨달았다고 말했다. 그는 목숨을 끊으려는 마음이 신세 한탄과 아내를 향한 조용한 분노의 결합에서 비롯했다는 사실을 깨달았다. 그는 아내가 더는 자신을 사랑하지 않는다고 생각했다. 하지만 아내와 깊은 대화를 나누며 오해를 풀 수 있었다고 한다. 아내는 그에 대한 사랑(때로는 자신도 힘들어서 표현하지 못했던 사랑)을 다시 한번 진정으로 표현했다. 두 사람은 자주 이야기를 나누며 서로 사랑한다고 말하기로 다짐했다. 또 친구는 자신이 신세 한탄만 하고 있지 않은지 늘 점검해서 감정이 너무 부정적으로 흐르지 않도록 조심하기로 했다. 그렇게 친구는 삶으로 돌아왔고, 미래를 향해 과감히 나아갈 준비가 되었다.

어떤 일이 벌어진 것인가? 내 친구는 생명을 구하는 지혜를 발견했다. 그는 자신의 정신적인 상태(=신세 한탄) 그리고 아내와의 역학(=아내가 자신을 사랑하지 않는다는 생각과 그로 인한 분노)에 관한 중요한 통찰을 얻었다. 그는 눈앞의 상황을 헤쳐 나가기 위해 필요한 지혜를 얻었다. 그 지혜가 빛이 되어 어둠에서 빠져나올 길을 비추어주었다. 그 지혜는 내 능력으로는 줄 수 없었던 것이다. 그 지혜는 무엇보다도 기도에서 비롯한 것이었다.

성경은 이렇게 말한다. "너희 중에 누구든지 지혜가 부족하거든 모든 사람에게 후히 주시고 꾸짖지 아니하시는 하나님께 구하라 그리하면 주시리라"(약 1:5). 내 친구가 즉시 반응하지 않는 경건한 생각을 하기 시작한 것은 바로 이 지혜 덕분이었다. 그가 자제력을 발휘하여 자신의 바람대로 하지 않은 덕분에 하나님께 지혜를 받을 시간을 벌 수 있었다. 그리고 이 지혜는 파괴적이고도 비극적인 결과를 낳을 수 있는 성급하고도 충동적인 사고에서 그의 영혼을 구해 주었다.

조지 워싱턴(George Washington)은 반응하는 열정과 보기 드문 지혜를 겸비한 대단한 인물이었다고 한다. 토머스 제퍼슨(Thomas Jefferson)은 워싱턴에 관해 이런 말을 했다. "그의 기질은 짜증이 많고 어조가 높았다…한번 화를 내면 엄청났다…하지만 그는 반성과 결단력으로 이런 점을 극복했다."[5]

워싱턴은 지혜로 충동적인 기질을 억누를 수 있었다. 이것이 그를 그토록 위대한 리더이자 역사상 가장 존경받는 대통령 중 한 명이 되게 한 원동력이었다. 제퍼슨은 계속해서 이렇게 말했다. "그의 성품에서 가장 강한 특징은 신중함이 아니었나 싶다. 그는 어떤 상황에서도 모든 면을 충분히 고려하기 전에는 절대 섣불리 행동하지 않았다. 조금이라도 의심스러운 구석이 보이면 행동하지 않았지만, 일단 결심하면 어떤 장애물이 나타나도 목적을 향해 끝까지 나아갔다."**6**

이것이 지혜의 힘이다. 빈부귀천을 막론하고 누구나 지혜만 있으면 위대해질 수 있다. 지혜는 우리의 충동적인 생각과 감정을 하나님의 진리와 은혜라는 필터로 통과하게 하며, 옳은 선택을 하게 해준다. 신생 국가를 위대하게 만드는 선택, 죽고 싶은 마음을 버리겠다는 선택이 다 지혜에서 비롯한다. 지혜는 즉시 반응하지 않는 사고를 배우기 위한 열쇠다.

하지만 이러한 사고방식이 뿌리를 내리게 하려면 한 가지가 더 필요하다. 그것은 바로 꾸준함이다.

꾸준함

(때로는 '인내'로도 불리는) 꾸준함은 흔들리지 않는 능력이며, 시종일관 한결같은 모습을 보이는 능력이다. 꾸준한 사람은 오랫동안 달릴 수 있다. 꾸준함이 없으면 자제력과 지혜는 일회성에 불과할 수밖에 없다. 즉 어쩌다 자제력과 지혜를 발휘한다 해도 이런 것은 심장보다는 신장과 비슷하다고 할 수 있다. 꾸준함이 있어야 비반응적인 사고방식을 갖추는 3단계 과정이 완성된다.

사도행전에는 짧지만 매우 중요한 이야기 하나가 나온

다. 바로 바나바라는 초대교회 리더와 관련된 이야기다. 사도행전 11장을 보면 그는 예루살렘에서 다른 교회 리더들과 함께 살고 있었다. 당시 교회에 대한 핍박이 거셌지만, 그들은 소아시아 전역으로 흩어진 예루살렘의 신자들을 통해 새로운 교회가 계속해서 생겨난다는 소식을 들었다. 특히 핍박 가운데서도 열심히 신앙생활을 하고 있다는 안디옥이란 도시의 교회에 관한 소식이 그들의 관심을 끌었다. 그들은 그 교회를 살펴보기 위해 바나바를 보냈다. 바나바가 힘든 가운데서도 번영하는 안디옥 교회에 도착해서 가장 먼저 발견한 것은 엄청난 전도의 열매가 나타나고 있다는 것이었다. 이렇듯 고난 가운데서 열매와 기쁨도 발견되는 법이다. 안디옥 교회는 그런 경험을 하고 있었다. 이야기는 계속된다. "그가 이르러 하나님의 은혜를 보고 기뻐하여 모든 사람에게 **굳건한 마음으로** 주와 함께 머물러 있으라 권하니"(행 11:23, 강조 추가).

때로는 곁가지처럼 보이는 짧은 표현 하나가 중요한 의미를 지닌다. 나는 이 구절에서 "굳건한 마음으로"라는 표현이 그렇다고 생각한다. 여기서 "굳건한 마음으로"는 '변함없이' 혹은 '한결같이'라는 뜻이다. 바나바는 이 교회에 "주와 함께 머물러 있으라"고만 말할 수도 있었다. 하지만 "굳건한 마음으로"라는 말을 덧붙여야 할 필요성을 느꼈다.

이유가 무엇이었을까? 꾸준함이 있어야 진정으로 즉각 반응하지 않는 사고의 소유자가 될 수 있다고 판단했기 때문일 것이다. 바나바는 핍박받는 이 교회가 방어적으로 변해 주변 세상에 문을 닫기 쉽다는 사실을 알았다. 바른 믿음 때문에 핍박받는 것을 좋아할 사람은 아무도 없으니까 말이다. 바나바는 안디옥 교인들이 그런 식으로 반응하지 않고 자제력과 지혜를 발휘하기 위해 무던히 노력했다는 점을 알았다. 그리고 그런 노력은 열매로 이어져 놀라운 결과가 나타나고 있었다. 많은 사람이 예수님께로 나아오고 있었다. 즉각 반응하지 않는 태도는 더없이 매력적인 특징으로 다가왔다.

하지만 이런 세상에서 계속해서 버티기란 쉬운 일이 아니었다. 이것이 바나바가 파송된 이유다. 사도 바울이 훗날 깨달았듯이, 그리스도인도 여전히 인간이다. 그리스도인도 언제든지 후퇴할 수 있고, 즉각 반응할 수 있으며, 자제력과 지혜를 순간적으로 잃을 수 있다.

이것이 자제력과 지혜에 이어 꾸준함이 필요한 이유다. 꾸준함은 자제력과 지혜로 빚어낸 것을 더욱 굳게 만든다. 인내와 강인함으로 나아가면 계속해서 더 강해진다. 이것이 바나바가 "굳건한 마음으로"라는 표현을 덧붙인 이유다.

우리는 "굳건한 마음으로 주와 함께 머물러 있으라"는

말에서 "굳건한 마음으로"의 의미를 깊이 되새겨야 한다. 끝까지 버텨야 한다. 포기하지 말아야 한다. 우리가 내내 걸어온 좁은 길에서 어떤 경우에도 벗어나지 말아야 한다. 이 사실을 기억하지 않으면 주저앉거나 심지어 후퇴할 수도 있다. 많은 사람이 그렇게 한다. 하지만 꾸준한 사람은 그렇지 않다. 그들은 자제력과 지혜로 좁은 길을 끝까지 가기로 굳게 결심한 사람이다.

무엇에든지…

이번에도 모든 가능성을 꿈꾸자. 우리가 꾸준히 즉각 반응하지 않은 사고방식으로 주변 모든 것을 대한다면, 우리 삶은 어떻게 변할까? 우리 관계는 또 어떻게 될까? 일터의 문제들이 어떻게 될까? 폭주하는 주변 문화가 어떻게 변화할까? 우리의 자녀는 어떤 사람으로 자라게 될까? 만약 당신과 내가 인생의 풍랑 가운데서도 침착하고 냉정한 모습을 유지한다면 어떤 일이 벌어질까?

모든 속내를 마음 놓고 털어놓을 수 있는 사람(상담자나 목사, 신부, 가까운 친구)을 존경만 하지 말고 당신도 그런 사람이 돼라. 그러면 인생이 완전히 달라질 것이다.

4장

정의로운 생각을 하고 실천하기

"무엇에든지 옳으며"

여기 당신의 형제가 벌거벗은 채 울부짖고 있다. 그리고 당신은 아름다운 마루 깔개 위에서 혼란스러운 표정으로 서 있다.

성 암브로시우스(St. Ambrose), 4세기 신학자이자 교회 리더

나는 오하이오주 클리블랜드에서 30분쯤 떨어진 섀그린폴스라는 작은 마을에서 자랐다. 나무가 무성한 거리, 재미있는 가게들, 예스러운 전망대를 갖춘 마을 광장. 그리고 주도로를 따라 흐르는 그림 같은 폭포. 그야말로 어린아이가 살기에 더없이 좋은 동네였다. 주말이면 강을 따라 산책하고 유명한 팝콘 가게에서 파는 아이스크림을 맛보기 위해 근처에서 몰려온 관광객으로 북새통을 이루었다.

당시 동네 아이들이 가장 좋아하는 놀이 중 하나는 밑에 깊은 물웅덩이가 있는 폭포 꼭대기에서 점프하는 것이었다. 폭포의 높이는 6미터 정도였고, 물웅덩이는 오하이오주의 뜨거운 열기를 식혀주는 고마운 존재였다. 유일한 문제점은 그 폭포에서 점프하는 것이 불법이라는 점이었다. 안전상의 이유로 지방 당국은 '폭포 점프 금지'를 지방 조례로 정했다. 그렇다고 해서 그것이 감옥에 갈 만한 죄는 아니었다. 심지어 경범죄도 아니었다. 하지만 조례도 엄연한 법이기 때문에 경찰은 폭포 근처를 철저히 감시하고 뛰어내리려는 아이들을 쫓아버렸다.

하지만 가끔 한 스턴트맨이 특수한 방열복을 입고 몸에 불을 붙인 뒤에 폭포에서 뛰어내리는 묘기를 선보였다. 작은 마을에서는 꽤 대단한 쇼였다. 그 묘기가 벌어지는 날이면 꽤 많은 구경꾼이 몰려들고, 심지어 클리블랜드의 언론까지도 카메라를 들고 출동했다. 물론 스턴트맨이 물 밖으로 나오면 여지없이 경찰들이 기다리고 있다가 그를 경찰서로 연행했다. 특히 보는 눈이 많았기 때문에 경찰로서는 더더욱 법대로 처리해야 했다.

고교 시절의 한 해에 있었던 일이 지금도 잊히질 않는다. 모두 서서 묘기를 기다리는데, 한 카메라맨이 스턴트맨 외에 다른 사람이 폭포에서 점프하는 것을 찍고 싶다고 말했다. 조명과 초점, 카메라 앵글 등을 점검하기 위해서였다. 그러자 내 친구들이 모두 한목소리로 내 이름을 불렀다. "제이미가 할 거예요!" 스포트라이트를 즐기는 나는 거침없이 대답했다. "제가 할게요!" 그리하여 수백 명과 경찰들이 보는 가운데 나는 폭포 꼭대기로 올라 과감히 점프했다. 그렇게 나는 사전 이벤트를 훌륭하게 소화해냈다. 대중의 환호를 받아본 건 그때가 처음이었다. 또한 강력한 법 집행을 경험한 것도 그때가 처음이었다.

강가까지 헤엄쳐 가니 경찰관 한 명이 나를 기다리고 있었다. 그는 엄한 표정으로 나를 보며 말했다. "이놈, 혼날 줄 알아라." 그리고 강가에 놓인 커다란 바위를 가리키며 말했다. "나는 스턴트맨을 기다려야 하니까 저기 가서 앉아 있어. 꼼짝하지 말고 있어. 상황이 다 끝나면 다시 올 거다." 그러고서 가버렸다. 나는 경찰관이 시킨 대로 벌서는 아이처럼 꼼짝하지 않고 바위에 앉아 있었다. 그때 내 친구들이 몰래 다가와 내게 속삭였다. "그냥 가. 경찰은 갔어. 정신이 없어서 너를 기억도 못 할 거야. 지금이 도망갈 기회야." 하지만 나는 천성이 정의로운 아이였다. 가끔 말썽을 피우긴 했어도 권위를 무시하는 건 옳지 않다고 생각했다. 내 안의 뭔가가 도망치는 건 옳지 않다고 말했다. 그래서 가만히 앉아 있었다.

잠시 후 스턴트맨이 인간 횃불처럼 온몸에 불을 붙이고서 폭포 꼭대기에서 점프했다. 순간, 무리는 열광의 도가니에 빠졌다. 언론은 대통령 취임식에라도 온 듯 묘기를 사진에 담기에 바빴다. 역시나 경찰관은 강가에서 기다리고 있다가 스턴트맨이 나오자마자 경찰서로 연행했다. 그리고 나는 계속해서 바위에 앉아 있었다. 나는 경찰관이 꼭 다시 올 거로 생각했다. 경찰관은 분명 내게 가만히 앉아 있으라고 했다. 꼼짝하지 말라고 했다. 그래서 나는 영원처럼 느껴지는 긴 시간 동안 가만히 앉아 있었다. 결국 내 친구들도 집에 가버렸다(우정의 증거). 어느새 날이 어둑해지기 시작했다. 대부분이 가버렸다. 그래도 나는 꿋꿋이 바위 위에 앉아 있었다. 최소한 한 시간 동안은 그렇게 했다.

어떻게 해야 할지 몰랐다. 경찰서에 가서 자수할까 하는 생각도 해봤다. 새그린폴스 10대 수배범 명단에 들고 싶지는 않았다. 하지만 자수는 과잉 반응 같기도 했다. 우리 동네에서 폭포 점프는 기껏해야 주차 딱지 감에 불과했다. 불법 주차를 했다고 자수하는 사람은 거의 없다. 하지만 정의는 정의다. 옳은 건 옳은 것이고 잘못된 건 잘못된 것이다. 그래서 나는 그곳에 가만히 앉아 있었다.

결국 모두 가버렸다. 상점들도 다 문을 닫았다. 하늘에서 별이 반짝이기 시작했다. 영화 <캐디쉑>에서 경기를 마치고 골프장을 빠져나가는 빌 머리처럼 나는 주변을 둘러보다가 쭈뼛거리며 집으로 걷기 시작했다. 경찰은 내 체포 영장을 기각한 적이 없다. 나는 지금까지도 여전히 도망자 신세다.

인간 본연의 정의감

심리학자들이 '소시오패스'라고 부르는 사람이 아닌 이상, 누구나 최소한 정의에 '동의하는' 마음을 품고 있다. 항상 이 정의감에 따라 살지는 않아도 최소한 머리로는 동의한다. 성경은 이 정의감을 "양심"이라고 부른다(롬 2:15를 보라). 살인자는 벌을 받아 마땅하다. 사기꾼은 책임을 져야 한다. 거짓말은 밝혀서 만천하에 드러내야 한다. 제한 속도를 위반하면 딱지를 떼야 한다. 인간 영혼은 정의를 추구하게 되어 있다. 이것이 우리가 문명화된 사회에서 서로 잘 지낼 수 있는 이유 중 하나다. 정의감 덕분에 우리는 옳고 그름, 선과 악을 구분하고 옳고 선한 것을 추구할 수 있다. 이것이 액션 영화에는 항상 선을 위해 싸우는 주인공이 있고, 위대한 소설에는 항상 주인공과 악당이 있는 이유다. 우리는 모두 선이 이기기를 갈망하며, 악이 이길 때 분노한다. 이것이 한 십 대 소년이 바위 위에 앉아 경찰관이 돌아오기만을 하염없이 기다린 이유다.

이 정의감은 하나님이 명령하신 여덟 가지 사고에 포함되어 있다. 정의감은 옳은 인생관의 핵심 중 하나다.

하지만 인생의 많은 부분이 그렇듯 정의도 좋다는 것만 알 뿐 제대로 이해하지는 못하는 경우가 많다. 누구나 정의감을 품고 있지만, 정의에 수반되는 것이 무엇인지를 알지 못하는 사람이 많다. 예를 들어, 무엇이 정말로 옳은지 그른지를 어떻게 아는가? 정의의 기준은 무엇이어야 하는가? 그리고 이런 것을 분별한 뒤에는 잘못된 이 세상을 바로잡고자 무엇을 해야 하는가? 용서와 자비의 자리는 어디인가? 그리고 정의는 누가 결정하는가? 정의는 얼핏 보이는 것보다 훨씬 복잡한 문제다.

"무엇에든지 옳으며"

우리가 지난 장에서 살펴봤던 보기 드문 단어와 달리, 정의에 해당하는 헬라어는 매우 흔히 쓰였다. 이 단어는 '디카이오스'(dikaios)인데, 예수님 당시 그리스·로마의 작가들이 수없이 사용하던 단어다. 당시 그리스인은 사회 공학의 최첨단을 달리고 있었다. 대도시와 상거래 중심지, 최고의 학교가 갖추어져 있었다. 그 상거래 중심지와 군사력을 바탕으로 그들은 주변 세상을 압도하고 있었다. 그리고 항상 그들의 결정과 행동이 옳았던 것은 아니지만, 최소한 그들은 사회적 개인적 정의를 중시했다.

'디카이오스'란 단어는 도덕적으로 옳고 선한 것을 지칭한다. 도덕적으로 '결백한' 사람, 정의의 편에 선 사람을 표현할 때도 사용할 수 있다.[1] 플라톤은 옳고 선한 것을 분별하는 '내적 질서'(inner order), 곧 마음 상태를 지칭할 때 이 단어를 사용했다.[2] 이런 정의의 개념은 그리스인이 체계적이고 옳은 사고방식을 개발할 때 매우 중요했다. 그들은 옳은 사고방식이 바른 행동으로 이어진다고 판단했다. 정신이 몸을 지배한다는 것이다.

그리스인이 '디카이오스'를 정립할 때 합리성과 철학적 추론이 중심적인 역할을 했다. 다시 말해, 그들은 합리적인 사고로 실질적인 정의의 기준을 확립할 수 있다고 믿었다. 그래서 아리스토텔레스는 철학적이고 이상적인 기초들에 근거한 윤리라는 주제에 책 한 권을 온전히 할애했다.[3] 이 책은 중세 내내 옳고 그름에 관한 교과서로 사용되었다. 심지어 일부 기독교 신학자도 이 책을 사용했다. 고도로 발달한 포스트 크리스천 및 계몽주의 사회인 서구에서도 많은 사람이 비슷한 방식을 채택했다. 그들은 정의의 근간으로 합리성과 실용주의(=실제로 효과가 있는 것)를 채택한다. 그렇다면 자신의 판단에 옳아 보이는 것이 곧 옳은 것이다.

이런 방식이 좋아 보이지만, 여기에는 약점이 내재한다. 오로지 이성과 철학에만 근거한 윤리와 정의는 상대적인 것이 될 수밖에 없다. 그런 정의는 어느 한 가지 특정한 논리에서만 좋은 것이고, 보편적으로 모두에게 적용되지는 않는다. 그런 윤리는 어느 한 문화의 윤리일 뿐 다른 문화에서는 적용될 수 없다. 다시 말해, 특정한 시공간의 한 집단에 합리적인 것이 꼭 다른 시대나 공간에 사는 다른 집단에게도 합리적인 것은 아니다.

오늘날 대다수 집단이 그리스의 정의를 채택하지 않는다는 사실만으로도 이 점을 충분히 확인할 수 있다. 그 정의가 당시 그리스에서는 통했지만 다른 문화에서는 정의와 옳음에 관해 나름의 기준을 마련했다. 현재 세상만 봐도, 대부분

/ 무엇에든지 옳으며 /

국가에서 미국의 정의와는 다른 것을 채택하고 있다. 많은 서구 문화에서 계몽주의의 정의 기준을 채택하고 있지만, 중동의 일부 문화에서는 이슬람법을 기준으로 삼는다. 모든 나라에 공통된 옳음에 대한 기준에 도달하기란 쉽지 않다. 그래서 정의는 판단하고 적용하기가 여간 까다로운 개념이 아니다.

앞서도 언급했듯이, 우리는 정의감을 타고났다. 하지만 무엇을 이 정의에 대한 기준과 근간으로 삼아야 할지는 분명하지 않다. 그렇다고 해서 철학적인 추론이 완전히 잘못된 방법이라는 말은 아니다. 그리스인은 그 방법을 유용하게 사용했고, 그 덕분에 그들의 문화는 수 세기 동안 건재했다. 다만 그들의 방법은 충분하지 않다. 더 광범위하고도 보편적으로 통하려면 이 '디카이오스' 개념에 뭔가가 더 있어야 한다. 다행히 뭔가가 더 있다.

이 기준으로

성경 저자들은 정의에 관해 쓸 때 바로 이 흔한 헬라어인 '디카이오스'를 사용했다. 그들은 이 단어의 정의를 바꾸지는 않았다. 원래 의미를 건드리지 않으면서 이 단어를 자주 사용했다. 70인역 구약 헬라어 역본에는 이 단어가 4백 번 이상 나온다. 신약 저자들도 이 단어를 80번 이상 사용했다. 성경에서 정의와 도덕에 관한 이야기가 많이 나오는 것은 너무도 당연한 일이다. 그런데 이 단어를 다루는 성경 저자들의 방식은 혁명적이었다. 그들은 세속적인 기초에 진정한 경화제 역할을 하는 핵심 요소 하나를 더했다. 이 요소 덕분에 시대와 문화에 따라 변하지 않고 시대를 초월하는 확실한 기초가 탄생했다. 이 요소는 바로 하나님이시다.

성경에서 '디카이오스'의 모든 용례를 유심히 살펴보면 해당 시대와 문화의 주된 사상과 가치가 아닌 하나님의 계시와 성품, 법이 옳음의 확고한 기초라는 사실을 분명히 확인할 수 있다. 성경은 영원하신 하나님이라는 확실한 기초 위에 정의를 확립한다. 기준은 하나님이시다. 이 기준이 정의에 관한 우리 사고의 근간이 되어야 한다. 물론 철학적인 추론도 필요하다. 우리는 이성을 사용하여 하나님의 계시와 성품, 법을 이해해야 한다. 또한 매일 삶 속에서 하나님의 정의를 실천할 방법을 머리 싸매고 고민해야 한다. 하지만 우리는 정의를 이해하기 위해 이성만을 의지하지 않는다. 하나님이라는 기초가 모든 것을 바꿔놓는다.

하나님의 성품을 생각해보라. 하나님은 어떤 분이신가? 시편 116편 5절은 이렇게 선포한다. "여호와는 은혜로우시며 의로우시며(디카이오스)." 요한계시록 16장 5절에서 천사는 하나님에 관해 이렇게 말한다. "전에도 계셨고 지금도 계신 거룩하신 이여 이렇게 심판하시니 의로우시도다(디카이오스)." 정의는 하나님의 영원하고도 불변하는 삼위일체 성품과 존재에 깊이 뿌리를 내리고 있다. 하나님은 의롭고 선하시기 때문에 우리 정의와 선함의 기초가 되신다. 하나님이 선하시기 때문에 우리도 선해야 한다. 우리는 의로우신 하나님의 성품에 비추어 정의를 이해해야 한다.

하지만 정의에 대한 우리의 이해는 여기서 멈추지 않는다. 계속해서 성경은 무엇이 정의롭고 의로운지를 구체적으로 말해준다. 바로 하나님의 계시와 법을 보면 그것을 알 수 있다. 예를 들어 로마서 7장 12절은 이렇게 말한다. "율법은 거룩하고 계명도 거룩하고 의로우며(디카이오스) 선하도다." 로마서 2장 13절도 비슷한 말을 하고 있다. "하나님 앞에서는 율법을 듣는 자가 의인이 아니요 오직 율법을 행하는 자라야 의롭다 하심을 얻으리니." 예수님도 비슷한 말씀을 하셨다. "너희가 나를 사랑하면 나의 계명을 지키리라…나의 계명을 지키는 자라야 나를 사랑하는 자니"(요 14:15, 21). 하나님은 우리를 사랑하시기 때문에 그분이 우리와 이 세상에 관해 어떤 생각을 하는지 구체적으로 알려주신다. 이것이 그분이 우리에게 그분의 법과 명령을 주신 이유다. 성경에 담긴 그분의 계시가 정의에 관한 우리 이해의 기초가 되어야 한다. 십계명에서 사회를 일깨우는 선지자의 말, 사회를 바꾸는 예수님의 팔복 설교, 신약 서간문에 나오는 도덕적 명령까지 성경에는 무엇이 정의이고 의인지를 알려주고 인도해주는 내용이 가득하다.

그렇다면 무엇이 옳고 의로운지 어떻게 알 수 있는가? 정의의 기준은 무엇인가? 답은 하나님의 성품과 계시에서 발견된다. 즉 하나님에 관한 성경의 모든 말씀과 하나님이 성경에서 우리에게 하신 모든 말씀에서 발견할 수 있다. 하나님은 우리의 이성적 판단이 아닌 그분의 말씀이 근본적 정의의 기초라고 선포하신다. 실제로, 우리가 하나님의 정의에 시선을 고정했을 때 불의 아래서 고통받는 수많은 사람이 치유와 희망을 발견했다. 수 세기 동안 이 기초는 모든 배경과 문화 속에서 하나님의 백성을 인도하고, 정의에 대한 보편적이고도 절대적인 기준이 되었다. 유명한 노벨 평화상 수상자 데즈먼드 투투(Desmond Tutu) 주교는 이런 표현을 사용했다. "성경보다 더 급진적이고 혁명적이며 불의와 압제를 더 강력하게 전복하는 것은 없다. 사람들을 계속해서 지배하고 싶을 때 가장 하지 말아야 할 일은 그들의 손에 성경책을 쥐여주는 것이다."**4**

혁명적으로

이 세상에 불의에 맞서 하나님의 정의를 어떻게 실천해야 할까? 이에 관해 성경은 어렵지만 생명을 주는 길을 제시한다. 정의와 관련한 성경의 주된 명령은 두 가지인데, 얼핏 이것은 상반되는 것처럼 보인다. 하지만 "무엇에든지 옳은" 것에 관한 생각이 나 자신과 다른 사람에게 기쁨과 치유를 일으키는 생각이라면, 그 두 가지가 바로 그런 결과를 만들어낼 수 있다. 성경의 그 두 가지 명령은 다음과 같다.

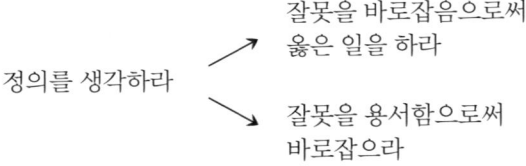

바른 생각은 옳은 행동으로 이어진다

내가 성경을 사랑하는 이유 중 하나는 잘못을 바로잡기 위해 옳은 일을 하라고 계속해서 강조한다는 점이다. 우리는 '정의를 생각해야' 한다. 그러려면 분별과 판단, 반응으로 이루어진 사고 과정을 매일 거쳐야 한다. 먼저 하나님 말씀을 기준으로 무엇이 옳은지를 분별해야 한다. 그런 다음에는 주변 세상에 정의를 세우기 위해 우리가 무엇을 할 수 있고 해야 하는지를 판단해야 한다. 그러고서 그 판단에 따라 반응해야 한다. 분별하라, 판단하라, 반응하라. 이 세 가지가 우리 일상의 일부가 되면 세상에 영향력을 발휘할 수밖에 없다. 마크 트웨인(Mark Twain)의 말처럼 "옳은 일을 하라. 그러면 일부 사람은 좋아하고 나머지는 놀랄 것이다."[5]

잘 계산해보자. 현재 세계 인구는 70억 명이 넘는다. 그중에서 거의 3분 1은 '그리스도인'을 자처한다. 이는 하나님의 성품과 계시에 따라 무엇이 옳은지를 생각하려는 사람이 20억 명이 넘는다는 뜻이다. 이 숫자에 대체로 신을 인정하고 성경에 관심 있는 사람 수를 더하면 그 숫자는 훨씬 더 늘어난다. 대략 세상의 절반은 하나님의 정의에 열려 있다고 볼 수 있다. 이제 이 모든 사람이 각자 한 영역에서 잘못을 바로잡기 위해 옳은 일을 한다고 상상해보라. 딱 한 가지 영역에서만 말이다. 물론 우리가 모든 악을 치유할 수는 없다. 하지만 각 사람이 한 가지 영역에서 옳은 일을 할 수는 있다. 그럴 때 우리가 미칠 영향을 상상해보라. 세상에서 이루어질 치유를 상상해보라. 한 가지 영역에서 잘못을 바로잡고 옳은 일을 하는 것을 평생 비전으로 삼은 이 30억 명 이상은 말 그대로 정의의 군대가 될 것이다. 우리가 타락한 세상에서 무적의 사랑의 군대가 되면 수많은 사람이 치유될 것이다. 우리의 치유하는 생각들이 행동의 파도로 발전하여 아름다운 정의의 노래가 울려 퍼질 것이다. 미국의 젊은이들은 이를 '선교적'이라고 표현했다. 모든 그리스도인이 이 신음하는 세상의 한 가지 영역에서 '선교'를 실천한다고 상상해보라.

나는 선한 마음을 지닌 정의의 군사들과 25년 넘게 교류하면서 큰 도전을 받았다. 그들이 초점을 맞춘 영역을 몇 가지만 소개하면 다음과 같다.

가난, 이민자, 교육, 기아, 인신매매, 학교 폭력, 의료, 노인 문제, 정신병, 노숙자, 종교의 자유, 평화, 고아, 인종 차별, 환경 보호, 교도소 사역, 여성 인권, 시민권, 입양, 증오 문제, 공동체, 지역 개발, 미혼모, 자원봉사, 가정 폭력, 재정 문제, 도시 재개발, 난민, 부랑아, 범죄, 마약 중독.

이 외에도 우리가 잘못을 바로잡음으로써 정의를 세울 수 있는 영역은 수없이 많다. 자, 당신이 맡은 영역은 무엇인가?

몇 년 전에 친절에 관해 설교했던 기억이 난다. 그때 내 요지는 그리스도인이 주변 사람에게 자비롭게 대하면 막대한 영향력을 발휘할 수 있다는 것이었다. 본문은 고린도전서 13장 4절이었다. "사랑은 온유하며." 그때 우리 교회에서 상상력 넘치는 한 성도가 이 말씀을 자기 삶에 어떻게 적용할지 고민하기 시작했다. 그녀가 늘 안타까워하던 일은 학교들에서 자주 보이는 친절하지 못한 행동이었다. 그녀는 학생들에게 친절의 가치를 심어주고 싶었다. 고민 끝에 하나님이 주신 시간과 재능, 돈을 사용하여 '친절한 사람 프로젝트'(The Be Kind People Project)를 시작했다. 이것은 젊은이에게 '친절 서약'을 권장하는 프로젝트다. 이 프로젝트에 참여한 젊은이는 격려하고 지원하며 돕고 정직하게 사는 것을 포함한 친절의 열 가지 핵심 가치에 서약하게 된다.

정의를 향한 열정으로 시작된 일은 삽시간에 사방으로 확산했다. 이 여성과 그녀와 함께 이 일에 헌신하기로 한 핵심 자원자들은 학교에서 행사를 열어 아이들에게 '교실 친절 키트'를 나눠주고 청소년 리더십 콘퍼런스를 후원하며, 교사에게 감사하는 행사를 주최하는 비영리 단체를 세웠다. 현재 이 단체는 전국적인 운동으로 발전하여 꽤 큰 성과를 거두었다. 자원자들은 교육 자료 2,800만 권을 배포하고, 학교 행사를 3백 번 개최했으며, 학생 5백만 명에게 선한 영향을 끼쳤다.[6] 이 모든 일은 정의를 세우라는 하나님의 명령에 응답한 한 여인의 열정에서 비롯했다.

하나님이 당신을 통해서는 어떤 일을 이루고자 하실지

심히 궁금하다.

그리스도인은 예로부터 이런 종류의 정의를 펼쳐왔다. 몇 년 전 언론은 말뿐인 그리스도인의 위선을 지적했다. 지금도 이런 보도는 자주 나온다. 개중에는 공정한 보도도 있고 부당한 것도 있다. 어쨌든 세상은 우리의 일거수일투족을 주시하고 있다. 그런데 몇 년 전 이 비판 속에서 퓰리처상을 두 번이나 수상한 〈뉴욕 타임스〉 칼럼니스트 니컬러스 크리스토프(Nicholas Kristof)는 그리스도인을 옹호하고 그들의 선행을 인정하는 칼럼을 썼다.

많은 복음주의자가 주로 교회와 관련한 자선 활동에 수입의 10퍼센트를 기부한다. 더 중요한 사실은 그들이 국내나 국외에서 기아, 말라리아, 교도소 내 강간, 개도국 여성의 건강 문제(자궁에 구멍이 생기는 '산과적 누공'의 해결), 인신매매, 대량 학살이 벌어지는 곳의 최전선에 나서고 있다는 것이다. 세상에서 가장 용감한 사람 가운데 많은 사람이 진정한 믿음으로 사는 복음주의 그리스도인(보수주의 가톨릭교도도 마찬가지)이다. 나는 특별히 종교에 관심은 없지만 이런 식으로 목숨을 거는 그들을 볼 때마다 경탄을 금할 수가 없다. 그리고 그 믿음이 뉴욕의 술자리에서 조롱받는 모습을 볼 때마다 구역질이 난다.[7]

우리는 '정의를 생각해야' 한다. 치유하고 기쁨을 주는 생각을 품어야 한다. 우리가 이런 식으로 생각하고 그런 생각에 따라 행동할 때 하나님이 역사하신다. 하나님이 이 땅에서 그분의 나라를 세우는 역사를 행하시고, 사람들이 변화될 것이다.

정의의 다른 측면

'정의를 생각하는' 두 번째 방식은 잘못을 용서함으로 바로잡는 것이다. 나는 이것을 '정의의 다른 측면'이라 부른다. 실제로 이것은 정의와 다르게 느껴진다. 이는 정의에 관한 우리의 일반적인 생각과 정반대로, 하나님의 은혜와 자비를 보여준다. 또 이 방식은 하나님의 정의가 1차원이 아니라 다차원적이라는 점을 인정하며, 정의의 대가 측면만이 아니라 용서의 측면까지 실천하는 것이다.

이러한 하나님 정의의 측면에는 분명한 논리가 있다. 하나님은 당신과 나 그리고 옳은 것에 관해 생각하면서 이렇게 선포하신다. "의인은 없나니 하나도 없으며"(롬 3:10). 다시 말해, 우리는 모두 하나님의 원래 설계에 못 미치는 삶을 살고 있다. 즉 하나님의 기준(성경에서 '율법'이라고 부르는 것)에 못 미치는 셈이다. 하나님은 의로우시기 때문에 우리 죄의 결과는 그분에게서 영원히 분리되는 것이다. 하나님은 거룩하시며, 죄는 그 거룩하심에 대한 모욕이다. 정의는 분리를 요구한다.

하지만 정의는 다양한 방식으로 이루어질 수 있다. 죄에 대한 정의가 이루어지려면 결과가 따라야 한다. 하지만 이 결과는 다양한 형태를 띨 수 있다. 이 부분에서 예수님이 개입하셨다. 하나님은 우리에게 죄의 결과를 담당하게 하시는 대신에 예수님을 보내셨다. 이것을 성경은 이렇게 표현했다. "하나님이 죄를 알지도 못하신 이를 우리를 대신하여 죄로 삼으신 것은 우리로 하여금 그 안에서 하나님의 의가 되게 하려 하심이라"(고후 5:21). 예수님은 우리가 용서받을 수 있도록 십자가에서 생명을 내어주셨다. 그분은 하나님 앞에서 우리 죄가 깨끗해질 수 있도록 우리의 죄를 대신 짊어지셨다. 이제 예수님을 믿는 자들에게 하나님은 예수님의 죽음을 적용하여 죄를 용서해주신다. 이 경우에는 정의가 이루어지되 용서를 통해 이루어진다. "곧 이때에 자기의 의로우심을 나타내사 자기도 의로우시며 또한 예수 믿는 자를 의롭다 하려 하심이라"(롬 3:26).

용서는 정의로 가는 길처럼 보이지 않지만 진정한 치유를 낳는 길이다. 특히 우리가 타락한 방법에 얽매여 있을 때는 오직 용서만 줄 수 있는 자유가 간절히 필요하다. 새날을 시작할 자유, 지난 상처를 털어버리는 자유, 실수와 실패의

도로에서 백미러에서 눈을 떼어 앞에 펼쳐진 도로, 즉 '무엇에든지'로 가득 차 있는 도로를 바라볼 자유, 정의로서의 용서…. 누가 이런 생각을 했을까? 바로 하나님이 하셨다.

이제 하나님은 우리를 바라보신다. 하나님은 "무엇에든지 옳은" 것에 관한 생각의 관점에서 이렇게 명령하신다. "서로 친절하게 하며 불쌍히 여기며 서로 용서하기를 하나님이 그리스도 안에서 너희를 용서하심과 같이 하라"(엡 4:32). 하나님이 용서의 형태로 정의를 실천하신 것처럼 우리도 그렇게 해야 한다. 우리도 용서를 통해 정의를 펼쳐야 한다.

둘 다 추구하라

대부분 사람, 심지어 대부분 그리스도인도 잘못을 바로잡거나 용서하거나 둘 중 '하나만' 잘한다는 사실을 아는가? 나는 공정한 사람을 많이 알고 있다. 마음이 따뜻해서 사랑하고 용서할 줄 아는 사람도 많이 알고 있다. 하지만 둘 다 잘하는 사람은 그리 많지 않다. 잘못을 바로잡으려고 노력하는 동시에 잘못한 사람들에게 용서의 손을 내미는 사람은 흔치 않다. 이 두 가지 행동이 좀처럼 함께 나타나지 않는 것이 사실이다. 하지만 하나님은 그렇게 하신다. 그래서 우리도 그렇게 해야 한다.

치유를 낳는 생각은 이 두 가지가 결합한 생각이어야 한다. 이는 그야말로 혁명적인 개념이다. 이 개념을 실제 적용한 예는 다음과 같다.

- 음주 운전을 막으려고 싸우는 동시에 음주 운전자를 용서하는 그리스도인
- 태아의 권리를 위해 싸우는 동시에 낙태한 여성을 용서하는 그리스도인
- 결혼이 한 남자와 한 여자 사이에서만 이루어져야 한다고 믿는 동시에 동성 커플의 친구가 되어주는 그리스도인
- 가난한 사람을 돕는 동시에 우리 사회의 물질주의자를 용서하는 그리스도인

이는 모두 혁명적인 반응이다. 한 사람에게서 정의의 이 두 가지 표현이 동시에 나타나는 경우는 매우 드물다. 하지만 이런 드문 경우에 사람들은 신선한 충격을 받는다. 마틴 루터 킹 주니어는 평등을 위해 용감히 싸우는 동시에 모든 사람, 심지어 인종주의자와 편협한 사람도 사랑했다. 마더 테레사는 인도의 빈민을 돕는 데 일생을 바쳤지만 서구

의 부유한 자본가와도 참을성 있게 교류했다. 역사상 가장 위대한 운동가 중에서도 잘못을 바로잡는 동시에 용서하는 보기 드문 능력의 소유자가 적지 않았다.

일상에서 '정의를 생각할' 수많은 기회가 찾아온다. 매일 우리가 잘못을 바로잡는 동시에 용서하며 살아가면 어떤 일이 벌어질까? 세상이 변할 것이다. 최소한 세상이 어리둥절해할 것이다. 그리고 우리는 기쁨을 누리게 될 것이다.

"무엇에든지 옳으며…이것들을 생각하라."

5장

개인적으로나 관계에서 거룩한 생각하기

"무엇에든지 정결하며"

사람들은 성인이 무엇을 할 수 있는지 상상조차 할 수 없다. 성스러움은 지옥 전체보다도 강하기 때문이다.

토머스 머튼(Thomas Merton)

나는 아주 종교적인 집안에서 자라지는 않았다. 우리 가족은 교회에 자주 가지 않았다. 우리는 흔히 말하는 '오직 크리스마스와 부활절만 교인'이었다. 가족끼리 모여서 성경 읽는 시간을 보낸 적도 없고, 아버지나 어머니가 성경 읽는 모습은 본 적도 없다. 우리 가족은 종교적이거나 영적인 것에 관한 이야기를 전혀 하지 않았다. 밥 먹기 전에 짧게 기도하기는 했지만 그 시간은 어린 내게 별 의미가 없었다. 그렇다고 해서 오해하지 말기를 바란다. 우리 가정은 꽤 도덕적이고 사랑이 넘쳤다. 단지 너무 종교적이지 않았을 뿐이다. 우리 부모님은 중서부의 뼈대 있는 집안 출신으로, 나와 형제들에게 예의와 존경심을 가르치고, 강한 직업 윤리를 심어주셨다. 그리고 대학에 가야 성공할 수 있으니 꼭 대학에 가야 한다는 말을 듣고 자랐다. 한마디로, 우리는 미국의 전형적인 가족이었다.

청년 시절 나는 강력한 영적 체험을 하고 예수 그리스도를 영접했다. 그것은 예수님이 처음 말씀하신 의미 그대로 '다시 태어났다'고 말할 수 있을 정도로 강력했다(요 3:3-7 참고). 하나님이 계시고, 죄 때문에 그분과 멀어지게 됐으며(그것을 뒷받침할 18년간의 경험적 증거가 있다), 예수님이 내 죄 때문에 십자가에 달려 돌아가신 덕분에 하나님과 나의 관계가 다시 회복되었다는 사실이 진정으로 이해되었다. 내가 예전부터 누누이 말했듯이, 복음을 이해하고 받아들인 순간 내 영적 삶은 흑백에서 천연색으로 변했다.

나는 기독교 문화에 급속도로 빠져들었다. 일단 당연히 교회에 다니기 시작했다. 성경 공부 모임 두어 곳에 등록하고, 라디오 설교 방송을 듣기 시작했으며, 신학 서적을 읽고 가스펠 음악을 들었다. 내 세속적인 귀에 완전히 새로운 단어들이 들려왔다. 사람들은 내가 '구원'받았는지 묻고, 나를 '형제'라 불렀다. 교회에서 노래를 불렀는데 노래라고 하기보다 '찬송가'라는 표현을 썼다. 목사님이 말씀하시는 것은 '설교'라 불렀다. 또 목사님은 '어린양의 피'가 내 죄를 '대속'했다고 말했다. 나는 기독교 용어가 있다는 사실을 깨닫고, 곧 그 언어를 사용할 줄 알게 되었다.

내가 초기에 자주 들었던 단어 중 하나는 '거룩한'이었다. 그리스도인들은 하나님과 사람에 관해 다 이 표현을 사용했다. 이것은 긍정적인 단어로, 칭찬의 표현이었다. 소싯적에 속했던 세상에서는 자주 사용하지 않았지만, 나는 이 단어가 예수님의 제자답게 생각하는 법을 배울 때 가장 중요한 단어라는 점을 곧 깨달았다.

"무엇에든지 정결하며"

빌립보서 4장 8절에서 다음 부분에 "무엇에든지 정결한" 것에 관해 생각하라는 명령이 나온다. 우리의 사고를 자극하는 이 특별한 단어는 헬라어 '하그노스'(hagnos)이며 '순수한, 더럽혀지지 않은, 순결한, 거룩한'으로 번역된다.[1] 이 단어의 베일 뒤에는 멋진 개념과 인생을 변화시키는 부름이 있다.

'하그노스'는 신약에서 '거룩한'에 대해 주로 사용하는 단어인 '하기오스'(hagios)의 사촌 격이다. '거룩한'은 구별되었다는 뜻이다. 뭔가 혹은 누군가가 더럽혀지지 않도록 다른 모든 것과 구별해서 보고 다루는 것을 의미한다. 우리가 하나님을 '거룩'하시다고 부르는 것은 그분을 다른 모든 것(=모든 피조물)과 구별해서 생각한다는 뜻이다. 이것이 요한계시록 4장 8절 "거룩하다 거룩하다 거룩하다 주 하나님 곧 전능하신 이여"의 이면에 흐르는 개념이다. 하나님은 '전능'하시다(누구보다도 강하시다). 따라서 그분은 '거룩하다'고 불리셔야 한다. 우리는 그분의 유일무이하고 비할 데 없는 속성에 근거하여 그분을 다른 피조물과 구별하고 '거룩하다'고 부른다. 따라서 성경에 이 단어가 자주 나타나는 것은 너무도 당연하다. 성경은 하나님에 관해 이야기하는 책이기 때문이다. 하나님은 수만 가지 이유로 구별되며, 거룩하시다. 성경은 '거룩한'이란 단어를 천 번 가까이 사용했다!

성경에서 '거룩한'이란 단어는 사람에 대해서도 사용한다. 물론 이런 용례는 하나님에 대해서 사용하는 경우보다 훨씬 적다. 성경에서 '거룩한'에 주로 사용하는 단어인 '하기오스'도 때로 사람에 관해서 사용되었지만, 밀접한 관련이 있는 '하그노스'는 특정한 사람을 가리킬 때 사용되었다. 신약에서 여덟 번 사용된 '하그노스'는 온전함과 완전함의 개념을 담고 있다. 이 단어는 세상에 오염되지 않는 행동과 관계 방식을 보여주는 사람에 대해 사용되었기 때문에 '정결한'이라고도 번역한다. '거룩한'에 대해 사용되는 주된 단어처럼 이 단어도 '구별'의 의미를 담고 있지만, 주변의 부정적인 영향에 오염되고 더럽혀지지 않았다는 측면에서의 '구별'을 의미한다. 이것이 '정결한'이란 단어 이면의 의미다.

하지만 이 단어의 가장 중요한 측면은 신약에 나온 실제 용례에 있다. 이 용례에서 우리는 '하그노스'에 담긴 인생을 변화시키는 부름을 발견할 수 있다.

개인적인 측면과 관계적인 측면

신약에서 '정결'이란 단어가 여덟 번 사용된 사례를 보면 정확히 두 가지 범주로 나뉘는 것을 볼 수 있다. 다시 말해, '하그노스'는 개인적인 정결이나 주변 사람들과 관계에서의 정결, 이렇게 둘 중 하나를 기술할 때 사용된다. 어떤 경우에는 둘 다를 지칭한다. 각 범주를 살펴보자.

개인적인 측면에서 예수님의 제자들은 정결한 행동으로 부름을 받았다. 예를 들어 바울은 디모데에게 이렇게 말했다. "아무에게나 경솔히 안수하지 말고 다른 사람의 죄에 간섭하지 말며 네 자신을 지켜 정결하게(하그노스) 하라"(딤전 5:22). 이 개념은 바울이 믿지 않는 남편에게 본이 되려고 노력하는 여성들에게 쓴 글에서도 나타난다. 여기서 바울은 남편이 "너희의 두려워하며 정결한 행실을"(벧전 3:2) 보면 전도되리라고 말한다. 헬라어 구약 성경은 잠언에서 이 개념을 가장 잘 담아내고 있다. "죄를 크게 범한 자의 길은 심히 구부러지고 깨끗한(하그노스) 자의 길은 곧으니라"(잠 21:8). 이 구절은 정결의 개념을 '개인적인' 측면에서 다룬다. 이런 정결은 신자가 보여야 할 행위를 가리킨다. 우리의 행위는 깨끗해서 부도덕한 주변 세상과 '구별되어야' 한다. 우리는 말부터 성적인 삶, 정직, 기업 윤리까지 개인적인 도덕과 관련된 모든 영역에서 정결한 모습을 보여야 한다. 많은 그리스도인이 이 개념을 거룩함과 연결 짓는다. 우리는 하나님의 의롭고 구별된 성품을 본받아야 한다.

하지만 이것은 정결의 절반에 불과하다. 이에 못지않게 중요한 정결의 또 다른 측면은 다른 사람과의 '관계' 측면이다. 야고보서 3장 17절은 진정한 지혜의 관계적인 측면을 나열한다. "오직 위로부터 난 지혜는 첫째 성결하고(하그노스) 다음에 화평하고 관용하고 양순하며 긍휼과 선한 열매가 가득하고 편견과 거짓이 없나니." 이것은 모두 관계적인 특성이다. 다른 사람 없이는 이런 특성을 보일 수 없다. 화평하고 관용하며 양순하고, 긍휼을 보이며 편견과 거짓이 없는 것은 다 다른 사람과의 상호 작용 속에서 나타나는 모습이다. 이것은 다른 사람과의 관계를 떠나서는 나타날 수 없다. 그런데 이 중에서 '성결(하그노스)'이 첫 번째다.

사도 바울도 이 단어를 비슷하게 사용했다. 그는 고린도 교회에 쓴 편지의 한 대목에서 친밀한 사람들에게 말하듯 자신의 상황을 솔직히 이야기한다. 그는 예수님의 제자로서 자신이 겪은 고난과 어려움을 털어놓는다. 그리고 디도가 온 일이 자신에게 큰 위로가 되었다고 말한다(고후 7:6). 우리에게 관계는 이런 역할을 한다. 관계는 우리가 힘들 때 위로와 힘을 준다. 하나님은 관계를 그렇게 설계하셨다. 계속해서 바울은 고린도 교인들의 존재도 자신에게 큰 위로가 되었다고 말한다. 그리고 자신에게 상처를 준 사람들에 대해서는 이렇게 말한다. "너희가 그 일에 대하여 일체 너희 자신의 깨끗함(하그노스)을 나타내었느니라"(고후 7:11). 바울은 정결한(무고함) 고린도 교인들에게 감사하고 있다. 이것은 바울과의 '관계' 속에 나타난 정결이다. 이 정결은 그들이 바울을 대하는 모습에서 드러났다.

두 범주 가운데 하나는 개인적인 차원에서 정결하게 행동하라는 부름이고, 또 다른 하나는 다른 사람과의 관계 속에서 정결하게 행하라는 부름이다. 우리는 이 단어에 나타난 두 가지 부름을 모두 받았다. 위의 사례들은 이 점을 분명히 보여준다. 거룩함은 개인적인 특성이면서 그만큼 관계적인 특성이다. 사람은 대부분 거룩함과 정결을 개인적인 목표로만 본다. 오직 자신과 하나님 사이에서 이루고 나타내야 하는 것으로 보는 것이다. 그러나 이것은 오해다. 거룩함과 정결은 언제나 관계적인 측면을 포함한다.

그렇다면 빌립보서 4장 8절에 담긴 부름은 무엇인가? "무엇에든지 정결"한 것을 생각하라는 명령 속에서 '하그노스'는 무슨 의미일까? 문맥에서는 답을 찾을 수 없다. 이 구절은 이런 식으로 생각하라고만 말할 뿐 이 정결이 개인적인지 관계적인지를 말해주지는 않는다. 문맥에는 단서가 없고 이 목록에서도 특별한 구분하지 않고 있다는 점을 함께 고려하면, 여기서 '하그노스'는 개인적인 측면과 관계적인 측면을 모두 포함한다고밖에 판단할 수 없다. 요컨대 "무엇에든지 정결"한 것에 관해 생각하라는 부름은 선하게 행동하는 동시에 관계를 잘 맺어야 한다는 뜻이다. 이 둘이 거룩함의 핵심적인 특징이다.

'작은 그리스도'가 되라

C. S. 루이스는 그리스도인들에게 '작은 그리스도'가 되라는 막대한 도전을 던졌다.

> 자, 기독교의 제안은 하나님의 뜻을 따르면 그리스도의 삶을 공유할 수 있다는 것으로 압축할 수 있다. 하나님의 뜻을 따르면 만들어진 삶이 아닌 탄생한 삶, 지금까지 항상 존재했고 앞으로도 항상 존재할 삶을 공유하게 된다. 그리스도는 하나님의 아들이시다. 따라서 이런 유의 삶을 공유하면 우리도 하나님의 아들이 되는 셈이다. 그리스도처럼 성부 하나님을 사랑하고, 성령이 우리 안에서 일어나시게 된다. 하나님은 자신이 가진 종류의 삶을 다른 사람들에게 퍼뜨리기 위해 이 세상에 오셔서 사람이 되셨다. 나는 이것을 '좋은 전염'이라고 부르고 싶다. 모든 그리스도인은 작은 그리스도가 되어야 한다. 그리스도인이 되는 목적은 이 이상도 이하도 아니다.[2]

나는 이 도전을 좋아한다. 바로 '작은 그리스도인'이 되어가라는 도전 말이다. 당연한 말이지만 루이스는 우리에게 작은 메시아나 작은 '하나님의 성육신한 완벽한 아들'이 되라고 말한 게 아니다. 그는 매일 그리스도를 더욱 닮아가라는 뜻에서 이런 말을 한 것이다. 우리는 성부 하나님을 철저히 믿고 주변 사람들과 사랑으로 상호 작용하셨던 예수님을 닮아가야 한다. 사복음서에 나타난 예수님의 관계 방식을 우리 삶에도 적용해야 한다.

저자 래리 크랩도 같은 맥락에서 이처럼 말했다. "관계에서 점점 거룩해짐으로써 하나님의 관계적인 나라를 이 땅에 이룰 수 있다. 즉 그리스도인들이 그리스도의 관계 방식을 먼저 서로 보여준 뒤 예수님을 닮은 사랑으로 그 관계 방식을 세상으로 흘러넘치게 함으로써 정결함을 이룰 수 있다."[3] 모든 그리스도인이 '그리스도의 관계 방식을' 세상에 '보여준'다고 상상해보라. 또 그리스도인이 개인적이고 도덕적인 측면에서만이 아니라 일상의 모든 관계에서 거룩함을 추구하면 어떤 일이 벌어질까? 그러면 우리의 성화가 완전히 새로운 차원으로 올라설 것이다. 하루하루가 승리의 길이 되고, 우리의 실패를 개인적인 거룩함의 측면에서만이 아닌 관계적인 측면에서도 평가하게 될 것이다. 크든 작든 모든 관계적 상호 작용을 하나님의 눈으로 보게 될 것이다. 모든 관계적 상호 작용을, 거룩함과 정결함을 높여주느냐 낮추느냐를 기준으로 평가하게 된다는 말이다.

매일의 삶에서 거룩함을 더하거나 오히려 거룩해지지 못하게 하는 상호 작용에 관해 생각해보라.

- 길고 고된 하루에 끝에 배우자를 어떻게 대하는가?
- 반항하는 자녀에게 어떻게 다가가는가?
- 엉망인 서비스로 화나게 하는 가게 주인을 어떻게 대하는가?
- 불합리하고 불공평한 상사나 교사와의 갈등을 어떻게 다루는가?
- 보기 싫은 소그룹 식구를 어떻게 대하는가?
- 고속도로에서 함부로 운전하는 사람을 어떻게 바라보는가?

이런 상황에서 예수님이 어떻게 반응하셨을지를 생각하면 우리 목표는 분명해진다. 어떤 상황에서 어떻게 정결해야 할지가 분명해지는 것이다.

몇 년 전 WWJD(What Would Jesus Do?, 예수님이라면 어떻게 하셨을까?)라고 쓴 팔찌가 유행했다. 이 팔찌는 우리에게 예수님의 도덕성을 본받아 살아야 함을 떠올리게 해주었다. 하지만 '관계적인 거룩함'은 전혀 다른 차원의 문제다. 우리에게는 HWJR(How Would Jesus Relate?, 예수님이라면 어떻게 관계를 맺으셨을까?)라고 쓴 팔찌도 필요하다. 우리에게는 실질적인 정결, 관계 속의 정결 모두 중요하다.

"사랑이란…"

내 친구 중에 큰 성공을 거둔 사업가가 있다. 그는 플라스틱 공학 분야에서 사업을 했다. 보통 사람은 이 분야에 관심이 별로 없겠지만 그는 이 사업체를 크게 키워 많은 돈을 받고 매각했다. 평생 쓰고도 남을 돈이 생기자 그는 조기에 은퇴해서 하나님이 마련하신 다음 일을 찾기 시작했다.

그 일을 찾는 과정에서 몇 가지 생각이 분명해졌다. 일단 그는 남은 생애 동안 단지 자선 활동만 하고 싶지는 않았다. 수많은 비영리 단체에 기부를 많이 하기는 했지만 무엇보다도 가족을 비롯한 다른 관계를 잘 돌보고 싶었다. 성인 시절을 대부분 사업에만 몰두하다 보니 가장 중요한 관계의 질이 꽤 나빠져 있었다. 그는 가족을 비롯한 가까운 사람들과 건강한 관계를 쌓아 이 실수를 만회하고 싶었다.

하나님이 자신에게서 무엇을 가장 원하실지를 찾다 보니 무엇이 정말로 중요한지를 알고 싶어졌다. 가장 중요한 것을 찾기 위해 열린 마음으로 성경을 읽다가 무엇보다도 관계적인 사랑을 추구해야 함을 깨달았다. 그는 일단 그리스도를 믿은 뒤에는 관계적인 사랑이 성화의 바로미터라는 사실을 깨달았다(마 22:36-39, 요 13:34, 고전 13:13, 딤전 1:5 참고).

고린도전서 13장은 흔히 '사랑 장'으로 불린다. 하나님과 다른 사람을 사랑하는 일이 얼마나 중요하며 그 사랑이 실질적으로 무엇을 의미하는지를 이야기하기 때문이다. 고린도전서 13장 한 대목에 이렇게 나와 있다.

> 사랑은 오래 참고 사랑은 온유하며 시기하지 아니하며 사랑은 자랑하지 아니하며 교만하지 아니하며 무례히 행하지 아니하며 자기의 유익을 구하지 아니하며 성내지 아니하며 악한 것을 생각하지 아니하며 불의를 기뻐하지 아니하며 진리와 함께 기뻐하고 모든 것을 참으며 모든 것을 믿으며 모든 것을 바라며 모든 것을 견디느니라 사랑은 언제까지나 떨어지지 아니하되 예언도 폐하고 방언도 그치고 지식도 폐하리라(4-8절).

내 친구는 여기서 '사랑'이란 단어 대신 자신의 이름을 집어넣어서 종이에 적었다. 우리가 예수 그리스도의 제자라는 증거로 관계적인 사랑을 실천해야 한다면 '사랑'이란 단어 대신 자신의 이름을 넣을 때 우리가 진정으로 사랑하며 살고 있는지 알 수 있다고 판단했기 때문이다. 내 이름을 넣으면 다음과 같이 된다.

- 제이미는 오래 참고 온유하다.
- 제이미는 시기하지 아니하며 자랑하지 아니한다.
- 제이미는 교만하지 아니하며 무례히 행하지 아니한다.
- 제이미는 자기의 유익을 구하지 아니한다.
- 제이미는 성내지 아니하며 악한 것을 생각하지 아니한다.
- 제이미는 불의를 기뻐하지 아니하며 진리와 함께 기뻐한다.
- 제이미는 모든 것을 참으며 모든 것을 믿으며 모든 것을 바라며 모든 것을 견딘다.
- 제이미의 사랑은 언제까지나 떨어지지 아니한다.

내 친구는 하루에도 몇 번씩 이 종이를 꺼내 보면서 자신이 실제로 주변 상황에 반응하는 모습과 비교했다. 그는 아내, 자녀와 손자, 친구, 자신의 마당에서 일하는 사람, 맥도널드에서 주문받는 청소년 아르바이트생, 교회 소그룹 식구들을 비롯해 자신이 상호 작용하는 모든 사람을 대하는 태도에 이 구절을 적용하려고 노력했다. 심지어 매일 하루를 마칠 때마다 자신의 관계적 반응 하나하나에 1부터 10까지 점수를 매기는 휴대폰 앱을 개발하기까지 했다. 아울러 아내에게 도움도 요청했다.

매일 이렇게 하기를 시작한 지 몇 달 뒤 그 친구는 내게 그 노력이 힘들면서도 흥미진진했다고 말했다. 한 가지 관계적 상호 작용에 꼬박 8-9시간을 보낸 적도 있고, 3-4시간을 보낸 경우도 있었다고 했다. 그는 틈나는 대로 하늘을 바라보며 하나님께 도움을 요청했다. 하나님을 '감독'이라 부르며 이렇게 말했다고 한다. "감독님, 이 관계에서 도움이 좀 필요해요. 예수님처럼 관계 맺기를 하고 싶지만, 힘이 달리네요. 당신이 저를 통해 이 사람을 사랑해주셔야겠습니다"(갈 2:20 참고). 그에게는 하루하루가 관계 속에서 그리스도를 보여주는 흥미진진한 모험이 되었다.

모든 그리스도인이 내 친구처럼 관계적인 사랑을 추구했으면 좋겠다. 모든 사람이 앱을 사용해 자신의 관계적 거룩함을 수시로 점검해야 한다는 말은 아니다. 친구는 공학자 출신이라서 지나칠 정도로 정확하고 분석적이다. 하지만 누구든 이와 같은 열정과 결심을 품으면 매일 모든 관계 속에서 예수님의 사랑으로 관계적 거룩함을 추구할 수 있을 것이다.

트렌드를 따르는 복음주의자들

복음주의 그리스도인은 트렌드를 따르는 경향이 있다. 예수님에 대한 믿음을 통해 구원받는다는 불변의 확신을 품되 주변 세상에는 민감하게 반응하는데, 그러다 보니 트렌드를 따르게 된다. 물론 트렌드에는 좋은 면과 나쁜 면이 있다. 도움이 되는 면도 있고 해를 끼치는 면도 있다. 지난 50년을 돌아보면 미국 기독교에서는 10년마다 새로운 트렌드가 나타났다.

1970년대 트렌드는 종말론이었다. 이런 경향은 핼 린지(Hal Lindsey)의 베스트셀러 『고(故) 위대한 행성 지구』(*The Late Great Planet Earth*)로 시작되었다. 성경의 여러 예언을 다룬 이 책은 예수 그리스도의 재림 그리고 그 이전에 일어날 대환난과 휴거를 비롯해 종말 때 일어날 일을 개략적으로 설명했다. 두 번의 참혹한 세계 대전, 러시아와의 지속적인 냉전, 전 세계적인 석유 파동, 중동 분쟁으로 인해 이 세상을 향한 하나님의 종말론적 계획에 관심이 쏠릴 수밖에 없었다. 그 덕분에 린지의 책은 3,500만 부가 판매되었고, 오선 웰스(Orson Welles)가 내레이션을 맡은 장편 영화로도 제작되었다.[4] 많은 미국인이 이 트렌드를 기억한다. 70년대 동안 복음주의자는 무엇보다도 종말론으로 유명했다.

1980년대 문화 전쟁이 시작되면서 트렌드는 정치 쪽으로 바뀌었다. 당시 도덕적 다수파(Moral Majority)가 형성되었다. 이 단체의 목표는 정치 영역에서 보수적인 기독교 가치를 크게 외치는 것이었다. 그런 상황에서 로널드 레이건(Ronald Reagan)이 당선되어 낙태를 반대하는 책을 썼다. 자신을 '거듭난 그리스도인'으로 불렀던 레이건은 지미 카터(Jimmy Carter)를 따라 복음주의의 가치를 추구했다. 이 십 년 기간에 FOTF(Focus on the Family), AFA(American Family Association), 기독교 연합(the Christian Coalition) 같은 강력한 단체들이 등장했다. 이 외에도 많은 단체가 공공 영역에서 나타나 점점 심화하는 세속주의와의 전쟁을 선포했다. 그렇게 정치가 기독교의 주된 무대가 되었다. 1984년 리버티 대학교가 완전히 문을 열었고, 그 창립자인 제리 폴웰(Jerry Falwell)은 기독교 가치를 외치는 강력한 목소리가 되었다. 이 현상에 대한 각자의 의견은 다르겠지만 어쨌든 당시 복음주의자는 역사상 그 어느 때보다도 강력한 정치적 영향력을 발휘했다. 1980년대 내내 정계에서 복음주의 진영의 입김이 거셌다. 저명한 연구가 두 명은 당시 상황을 이렇게 정리했다. "1980년대에 시작해서 새로운 세기의 처음 10년까지 보수주의 정치는 미국 종교의 가장 가시적인 측면이었다."[5]

1990년대 현대 세상의 트렌드에 맞춰서 새로운 복음주의 트렌드가 등장했다. 그것은 바로 구도자 중심의 대형 운동이었다. 대형교회(메가처치)는 출석 교인이 2천 명이 넘는 교회를 말한다. 1970년 전에는 미국에 대형교회가 얼마 되지 않았다. 하지만 가장 최근 조사 결과에서 1,667개 대형교회가 있음을 파악했고[6] 그중 상당수가 1990년대에 등장했다. 더 놀라운 사실은 2012년 조사에 따르면 미국 교인 열 명 중 한 명이 대형교회에 출석한다는 것이다.[7] 미국에는 약 314,000개 개신교회가 있는데[8] 교인의 10퍼센트가 0.5퍼센트밖에 되지 않는 대형교회에 출석하고 있다. 무엇이 사람들을 대형교회로 끌어들이는 것일까? 답은 복합적이다. 양질의 프로그램과 전문 밴드가 이끄는 찬양, 실용적인 설교와 친밀한 소그룹 활동, 최첨단 설비를 갖춘 대학교 규모의 예배당이 모두 미국인 수백만 명을 대형교회로 끌어들이는 요인이다. 아울러 문화적 변화도 이 현상에 일조했다. 예를 들어, 월마트, 홈디포, 로우스, 케이마트 같은 대형 상점들이 한 장소에서 모든 제품을 쇼핑하는 경험으로 소비자를 끌어들였다. 교회도 바로 이런 경향을 따랐다. 대다수 미국 교회가 대형교회가 아니기 때문에 이런 교회의 미래가 어떻게 될지는 시간만이 말해줄 수 있을 것이다. 어쨌든 한 가지만은 확실하다. 1990년대에 수백만 명이 대형교회로 몰려

하나의 커다란 기독교 트렌드를 만들어냈다.

새로운 세기가 찾아오면서 새로운 트렌드가 시작되었다. 흔히 '선교적 교회 운동'(missional church movement)으로 알려진 트렌드다. 오랫동안 유지되던 '유인적 교회'(attractional church)와 달리 선교적 교회는 사람들이 다가오기를 기다리지 않고 '보냄을 받은 자'로서 사람들에게 찾아가는 교회다.[9] 예수님이 1세기 팔레스타인 지역을 다니며 사역하셨던 것처럼 교회도 세상 속에 있어야 한다는 생각으로, 건물 안에 모여 다른 사람이 먼저 문을 두드리기를 기다리는 것은 예수님 방식이 아니라고 주장한다. 세상 속에서 선교하는 것이 예수님의 방식이라는 것이다. 이 운동은 젊은 복음주의자에게 많은 지지를 얻었다. 커피숍에서 예배드리는 것부터 지역 사회에 공헌하기 위한 사회 정의 활동까지 예수님의 사랑을 전하려는 선교적 접근법은 교회 건물이 가득한 미국 문화를 정화하는 역할을 했다. 이 트렌드는 계속해서 많은 열매를 맺고 있다.

사랑 트렌드

내가 왜 지금까지 트렌드 이야기를 했는지 아는가? 왜 지난 40년 이상 기독교에서 강조했던 트렌드를 짚어보았을까? 앞서 했던 말을 다시 하기 위해서다. 즉 트렌드는 좋은 면도 있고 나쁜 면도 있다. 더 통하지 않는 것을 다시 통하게 해준다는 점에서는 좋다. 트렌드는 우리를 하나의 초점으로 연합하게 해주고, 한 집단을 하나의 좋은 방향으로 가게 할 수 있다. 하지만 트렌드는 현재 상황과 취향을 반영하기 때문에 왔다가 가버린다. 어느 한 기간에만 지속되고 때가 되면 다른 트렌드로 넘어간다. 이것이 패션이나 헤어스타일 같은 분야에서는 괜찮지만 훨씬 더 중요한 영역에서는 역효과를 낳을 수 있다.

내가 걱정하는 점은 이렇다. 관계적 사랑이 현재 그리스도인 사이에서 새로운 트렌드로 빠르게 자리 잡고 있다. 분명한 경험적 증거를 제시할 수는 없지만 나는 그렇게 판단하고 있다. 현재 내 서재에는 관계적 사랑을 권면하는 유명 기독교 저자들의 책이 열댓 권 꽂혀 있고, 많은 유명 목회자와 기독교 리더들의 입에 사랑이 오르내리고 있다. 또 많은 교회가 성도들에게 사랑의 관계와 행동을 추구하라고 권면한다. 이것은 좋은 일이다. 예수님이 가장 강조하셨던 것이 새로운 트렌드 덕분에 이제 마땅한 관심을 받고 있으니 얼마나 기쁜지 모른다. 이 세기의 두 번째 십 년은 사랑의 십년이라고 불러도 전혀 이상하지 않다.

하지만 사랑이 트렌드여야 하는가? 앞서 말했듯이 트렌

드는 왔다가 간다. 이것이 트렌드의 속성 중 하나다. 관계적 사랑도 십 년쯤 유행하다 다음 트렌드로 넘어가면서 기억 속으로 사라져야 할까? 사랑도 종말론, 정치 참여, 대형 교회, 선교적 교회 같은 궤적을 따라야 할까? 그래서는 안 된다. 사랑은 하나님의 경제에 너무 중요해서 한낱 트렌드로 전락해서는 안 된다. 관계적인 사랑은 단순히 20세기와 21세기의 복음주의 트렌드 정도로 취급하기에는 하나님께 너무 중요하고 그리스도의 제자라는 우리의 정체성에 너무 핵심적이다.

"무엇에든지 정결한" 것에 관해 생각하는 것은 하나님이 최우선시하는 여덟 가지 사고방식 중 하나다. 관계적 거룩함의 형태로 정결한 삶을 추구하는 것은 한낱 트렌드로 끝나선 안 된다. 우리는 관계적 거룩함을 이루라는 부름을 마음 깊이 새겨 시류를 거슬러야 한다. 남은 평생 "무엇에든지 정결한" 것에 관해 매일 많은 생각을 하기를 바란다.

6장

건강한 즐거움을 주는
생각 추구하기

"무엇에든지 사랑받을 만하며"

누구도 즐거움 없이는 살 수 없다. 이것이
영적 기쁨이 없는 사람이 육신적 쾌락을
좇는 이유다.

토머스 아퀴나스(Thomas Aquinas)

누구나 즐거움을 사랑한다. 어떤 식으로든 즐거움을 사랑하지 않는 사람은 없다. 우리는 좋은 친구나 근사한 휴가의 즐거움을 사랑한다. 또 회사에서 누리는 좋은 날이라는 즐거움을 사랑한다. 좋은 음식을 먹을 때 느끼는 즐거움을 사랑하고, 배우자와 자녀라는 즐거움을 사랑한다. 그뿐만이 아니다. 우리는 아름다운 예술 작품이나 숨 막히는 자연 경관을 볼 때 느끼는 즐거움을 사랑한다. 어떤 사람은 정말 좋은 설교를 들었을 때 느끼는 즐거움을 사랑한다. 이처럼 우리는 인생의 많은 것에서 즐거움을 얻는다. 『메리엄 웹스터 대학생용 사전』에서는 즐거움을 '만족한 상태, 기쁨의 근원'이라고 정의한다.[1] 인간의 영혼은 무엇보다도 즐거움의 연료로 돌아가도록 설계되었다고 말할 수 있다.

미국 건국자들도 그렇게 생각했다. 그래서 독립선언문에는 이런 내용이 있다. "우리는 다음과 같은 사실을 자명한 진리로 받아들인다. 즉 모든 인간은 평등하게 창조되었으며 창조주께 생명과 자유, 행복 추구 같은 양도할 수 없는 권리를 부여받았다." 행복 추구, 즉 즐거움을 추구한다는 뜻이다. 위대한 웨스트민스터 신앙고백에도 같은 내용이 나온다. "인간의 주된 목적은 무엇인가?"라고 물은 뒤에 "인간의 주된 목적은 하나님을 영화롭게 하고 그분을 영원히 누리는 것이다"라고 답한다. 역시나 즐거움에 관한 이야기다.

"무엇에든지 사랑받을 만하며"

이렇기 때문에 즐거움에 관한 생각이 우리가 매일 생각해야 할 하나님의 여덟 가지 사고 목록에 포함된 것은 전혀 이상한 일이 아니다. 빌립보서 4장 8절은 이렇게 선포한다. "무엇에든지 사랑받을 만하며…이것들을 생각하라."

얼핏 이 구절은 전혀 즐거움을 추구하라는 말처럼 보이지 않는다. 하지만 더 자세히 들여다보면 놀라운 진리가 드러난다. 헬라어 원문에서 "사랑받을 만한"으로 번역된 단어는 '프로스필레스'(prosphiles)다. 이 단어는 신약에 딱 한 번만 나온다. 원래 나는 이 단어가 신약에서 한 번밖에 나오지 않아 정확한 의미를 이해하기가 어려울 것으로 생각했다. 신약 전체에서 한 번만 사용된 단어를 토대로 "무엇에든지 사랑받을 만한" 것에 관한 사고를 위한 틀을 어떻게 마련해야 할지 감이 잡히질 않았다.

더 연구하다가 사실 '프로스필레스'라는 단어가 아주 흔히 사용되던 헬라어 단어인 '프로스'(pros)와 '필레오'(phileo)의 조합이라는 사실을 발견했다. '프로스'는 '-로, -를 향해, -와 함께'를 뜻하며 '필레오'는 '사랑'을 의미하는 네 가지 헬라어 단어 중 하나다. 이 점을 알고 나니 '프로스필레스'(우리가 '사랑스러운'으로 번역하는 단어)의 의미가 분명해졌다. 두 어근을 합치면 '사랑을 향해'라는 뜻이 된다. 따라서 우리는 삶에서 '사랑'을 '향하게' 하는 사고를 하라는 부름을 받았다고 말할 수 있다.

물론 이 부름은 어떤 사랑이든 마음대로 추구해도 좋다는 허가증이 아니다. 이 구절은 핑크빛 사랑을 이야기하는 것이 아니라 오로지 '필레오' 사랑만을 이야기하고 있다. C. S. 루이스는 『네 가지 사랑』(홍성사 역간)이라는 책에서 그리스 세상의 네 가장 사랑 유형을 풀이한다. 아가페, 스토르게, 에로스, 필레오가 바로 그것이다. 이 네 가지 유형의 사랑이 당시 세상을 형성했으며, 지금 신약을 읽는 모든 이에게도 영향을 미치고 있다.

1. 아가페는 하나님이 우리에게 보여주시는 무조건적인 사랑이다.
2. 스토르게는 가족이나 가까운 친구 사이에서 표현하는 애정 어린 사랑, 형제의 사랑이다.
3. 에로스는 로맨틱한 사랑으로, 이 사랑으로 결혼이 이루어진다.

4. 필레오는 친구 간의 사랑이다. 이 사랑은 친밀함과 같은 취향에서 비롯한다. 『신약 신학 사전』(*Theological Dictionary of the New Testament*)은 이 사랑을 '개인적인 애착에 근거한 애정'으로 정의했다.[2]

이 점을 놓치지 마라. 필레오는 개인적인 즐거움을 중심으로 한 사랑이다. 이것은 우리가 친밀한 우정처럼 우리를 기쁘게 하는 것에 따라 주거나 받는 사랑이다. 우리는 기분 좋게 해주는 무언가나 사람에게 이 사랑을 느낀다. 성경을 보면 이 사랑은 인간관계에만 국한되지 않고 음식, 잠, 포도주, 지식처럼 우리에게 즐거움을 주는 다른 것들에도 적용된다.

고대 그리스인은 '필레오'를 자신이 '좋아하는' 것에 사용했으며(자신이 '사랑하는' 것에 관해서는 '아가페'를 사용했다), 이런 것들이 그들에게 즐거움의 기초가 되었다. 그래서 "무엇에든지 사랑받을 만한" 것으로 우리 사고방식을 수정하라는 빌립보서 4장 8절의 명령은 '즐거움을 주는 사랑을 향하는' 태도, 즉 우리를 즐겁게 하거나 행복하게 만드는 것들과 사람을 향하는 태도를 취하라는 것이다.

NRSB 성경은 이 구절을 "뭐든 기쁘게 하는 것…이것들을 생각하라"고 번역한다. 엄밀히 따지자면 ESV 성경을 비롯한 대부분의 역본에 표현된 "사랑받을 만한"이란 번역이 옳겠지만(어근 '필레오'를 '사랑'의 한 형태로 직접적으로 번역하기 때문) '즐겁게 하는'이란 표현이 우리를 행복하게 하고 깊은 만족감과 즐거움을 주는 것을 향하는 마음가짐이란 개념에 더 부합한다.

솔직히 말해서 그리스도인은 이런 식으로 말하지 않는다. 우리는 즐거움을 타락한 쾌락주의자의 전유물로 취급한다. 어느 세대나 쾌락주의에 빠져 타락한 유명 인사가 있었다. 당신의 머릿속에 금방 떠오르는 인물이 있을 것이다. 반면 그리스도인은 주로 희생, 항복, 충성, 헌신, 절제 같은 개념에 초점을 맞춘다. 물론 이런 것들이 예수님을 따르는 삶의 큰 부분을 차지하지만, 우리는 빌립보서 4장 8절의 명령에도 순종해야 한다. 매일 우리 생각 속에 즐거움을 사랑하는 마음을 품어야 한다는 성경의 부름을 무시해서는 안 된다. 즐거움은 하나님이 우리의 삶을 끊임없이 진행되게 하고 성장시키려고 사용하시는 연료 중 하나다. 우리가 느끼든 느끼지 못하든 우리 삶은 즐거움에 둘러싸여 있고, 많은 부분이 즐거움을 연료로 돌아간다. 그리고 이것은 꼭 나쁜 것이 아니다.

물론 아무 즐거움이 아니라 특정한 '종류'의 즐거움을 추구해야 한다. 그렇지 않으면 하나님이 원하시는 그리스도를 닮은 제자가 아니라 세상의 쾌락주의자와 다를 바가 없어진다. "사랑받을 만한" 것들에 관한 생각은 우리를 사랑으로 이끌어주는 마음가짐이다. 즐거움을 낳는 사랑으로 우리의 생각과 관심을 집중할 때 다음과 같은 세 가지 실질적인 가이드라인을 염두에 두어야 한다.

적절한 즐거움을 추구하라

앞서 나는 성경에서 음식이나 잠, 포도주, 지식 같은 것에 대한 사랑을 지칭할 때 '필레오'란 단어가 사용되었다고 말했다. 그렇다면 성경이 이런 것에 대한 강한 애정을 인정한다고 생각하기 쉽다. 하지만 성경이 이런 것에 대해 '필레오'를 사용할 때 그 배경을 자세히 들여다보면 이 강한 애정이 적합할 때도 있고 적합하지 않을 때도 있다. 이런 것을 올바로 즐기기 위해서는 이런 배경을 이해할 필요가 있다.

예를 들어, 음식과 '필레오' 사랑에 관해 생각해보자. 헬라어 구약 성경에서 창세기 27장은 이삭이 아들을 축복하는 장면을 기록했다. 이삭은 아들에게 이렇게 말했다. "내가 즐기는 별미를 만들어 내게로 가져와서 먹게 하여 내가 죽기 전에 내 마음껏 네게 축복하게 하라"(4절). 여기서 별미로 사용된 단어가 '필레오'다. 별미는 이삭이 사랑하는 음식, 이삭에게 즐거움을 주는 음식이었다. 이 즐거움은 적합한 것이었다. 좋은 음식을 즐기는 것은 괜찮고, 심지어 좋기까지 하다.

이번에는 또 다른 예를 보자. 하나님은 호세아 선지자를 통해 이렇게 말씀하셨다. "이스라엘 자손이 다른 신을 섬기고 건포도 과자를 즐길지라도(필레오) 여호와가 그들을 사랑하나니(아가페)"(3:1). 이번에도 음식에 대한 사랑이다! 하지만 이 구절을 살짝만 봐도 같은 단어를 사용했음에도 분위기는 완전히 다름을 볼 수 있다. 왜 하나님은 이 음식에 관해서는 다른 어조로 말씀하셨을까? 하나님이 건포도를 싫어하시기 때문은 아니었다.

성경 전문가들은 하나님이 이 건포도 과자를 즐기는 것을 반대하신 이유가 이것이 다른 신들을 위한 제물로 사용되었기 때문이라고 판단한다(이 구절의 배경으로 볼 때 일리가 있는 판단이다).³ 전문가들은 당시 건포도 과자가 중동의 고당도 별미 음식으로, 맛이 아주 좋았다고 한다. 그런데 하나님은 백성이 이 음식을 너무, 그것도 잘못된 이유로 즐기는 모습을 보고 실망하셨다. 그들은 이 음식으로 잘못된 종류의 즐거움을 느꼈다. 이 음식은 우상에게 바쳐진 것이었을 뿐만 아니라 이것에 대한 그들의 사랑은 그 자체로 하나의 우상이 되었다. 이 점을 생각하면 최근 모닝커피를 너무 좋아해서 잠자리에 들 때부터 벌써 생각이 난다고 고백했던 친구가 생각난다. 그 친구는 자신의 모닝커피 사랑이 도를 지나쳤다고 인정했다.

이 두 가지 사례는 음식에 관한 적절한 사랑(이삭의 경우)과 부적절한 사랑(하나님 외에 다른 것에서 행복을 찾는 것)을 보여준다. 지금 우리의 모습은 어떠한가? 섹스나 술 같은 것에 집착하는 세상 사람의 모습에 눈살을 찌푸리면서, 자신은 예배 후에 뷔페식당에서 폭식을 하지는 않는가? 음식 같은 데서도 적절한 즐거움과 부적절한 즐거움을 구분하는, 진정으로 그리스도를 닮은 마음가짐이 필요하다.

구약에서 '필레오'란 단어를 추적해보면 포도주나 잠을 너무 즐기지 말라는 경고에도 쓰였음을 알 수 있다(잠 21:17, 사 56:10 참고). 하지만 지혜와 가족을 즐기는 것은 괜찮다(잠 29:3, 창 37:4). 신약에서 예수님은 사람들에게 경건하다는 칭찬을 받는 것을 너무 즐긴 당시의 종교 지도자들을 나무라셨다(마 23:1-12). 하지만 (나사로, 요한, 베드로와의 우정 같은) 좋은 우정 관계에서 느끼는 즐거움은 권장하셨다(요 11:36, 20:2, 21:15-17). 또 사도 바울은 교회를 즐기는 사람들을 칭찬했다(딛 3:15).

요점은 분명하다. 하나님은 가족, 친구, 지혜, 지식, 이해, 교회 같은 적절한 즐거움의 대상을 주셨다. 그리고 동시에 포도주나 잠, 외모, 명예, 칭찬 따위를 너무 즐기는 것을 부적절한 즐거움이라고 경고하셨다. 음식 같은 것은 '어느 정도' 즐겨도 좋지만 이것을 우상으로 삼을 정도로 즐기지는 않도록 조심해야 한다. 성경은 적절한 즐거움과 부적절한 즐거움을 분별하라고 가르친다.

당신은 어디서 즐거움을 찾고 있는가? 많은 사람이 옛 노랫말처럼 "온갖 엉뚱한 곳에서 사랑을 찾고 있었네!"라고 고백할 것이다. 누구나 잘못된 곳에서 즐거움을 찾다가 이런 후회를 할 때가 있다.

우리는 즐거움을 주는 것들과 사람들에 관해 생각하라는 명령에 순종하되 적절한 즐거움을 추구해야 한다는 점을 늘 기억해야 한다. 그렇지 않으면 세상처럼 적절하지 않은 방식으로 즐거움을 찾으며 죄에 허덕일 수밖에 없다. 세상의 즐거움을 찾으면 일시적으로 즐거운 기분이 들지는 몰라도 장기적으로는 우리의 영혼에 해롭다.

즐거움의 건강한 원천을 개발하라

적절한 즐거움을 추구하는 것 외에도 즐거움의 건강한 원천을 개발해야 한다. 이런 원천이 적절한 즐거움을 제공하기 때문이다. 이것이 사랑받을 만한 것에 생각을 고정하라는 빌립보서 4장 8절 명령의 주된 요점이다. 뭐든 '필레오' 사랑의 영역에서 즐거운 것의 원천을 개발하라. 고급 휘발유로는 잘 달리지만 물 탄 저급 휘발유로는 곧 퍼지고 마는 스포츠카처럼 우리는 매일 하나님의 원천에서 삶을 잘 달리게 만들어주는 연료를 공급받아야 한다. 은혜의 하나님이 바로 이런 목적으로 우리에게 주시는 원천 몇 가지를 소개한다.

안전한 사람들

매일 기쁨을 주는 원천인 안전한 사람들은 성경 내 '필레오'란 단어 사용의 중심에 있다. 앞서 살폈듯이 성경 속에서 이 단어는 음식, 잠, 포도주, 지식 같은 즐거운 것에 대한 사랑을 가리킬 때도 사용되었지만, 대부분 '안전한 피난처와도 같은' 우정과 관련이 있다. 이런 우정에서 느끼는 즐거움은 적합하며, 이런 우정을 나누는 안전한 사람들은 건강한 즐거움의 원천이다. 성경에서 '필레오'는 사도 요한, 나사로, 베드로를 향한 예수님의 사랑을 표현할 때 사용되었다. 예수님은 이 세 사람과의 우정에서 특별한 기쁨과 즐거움을 느끼셨다. '필레오'란 단어가 성자 하나님을 향한 성부 하나님의 사랑을 말할 때도 사용되었음을 눈여겨볼 필요가 있다. 이 사실은 삼위일체 하나님이 자기 안에서 영원토록 관계적인 즐거움을 누리고 계신다는 점을 말해준다.

우리도 이런 '필레오'의 개념에 따라 우정을 쌓을 수 있다. 이것은 공통의 가치, 친근감, 비슷한 경험에서 솟아나는 안전한 관계다. 이런 관계는 생명을 주는 기쁨의 좋은 원천이 될 수 있다.

상대적으로 공인의 삶을 사는 목사로서 나는 안전한 우정이라는 개념에 관해 많이 생각한다. 내가 목회하는 많은 사람이 나를 자신의 친구로 여기고 있다. 이는 더없이 감사한 일이다. 하지만 알다시피 가까운 친구로 사귈 수 있는 사람의 숫자는 제한되어 있다. 그래서 나는 누구에게 나의 전부를 드러낼지 신중하게 판단하려고 노력해왔다. 그런 친구에는 당연히 나의 귀한 아내가 포함되어 있다. 그 외에 다른 사람들을 나의 가까운 친구로 받아들이는 과정에서 믿을 만한 친구의 특성을 목록으로 정리하게 되었다. 그 목록은 다음과 같다.

정직함: 단순한 정직함을 말하는 것이 아니다. 내가 '빨간 점의 정직함'이라고 부르는 종류의 정직함을 말한다. 사실 이 표현은 내 친구 래리 크랩에게서 빌린 것이다. 쇼핑몰 지도에서 빨간 점은 '현재 위치'를 말한다. 이 빨간 점의 정직함에 따르면, 믿을 만한 친구에게 투명하게 내가 어디에 있으며 어떻게 하고 있는지를 말해야 한다. 특히 좋지 않은 일

을 할 때도 말할 수 있어야 한다. 때로는 정제되거나 여과되지 않는 이야기를 할 수도 있고, 추한 모습까지 적나라하게 드러내야 할 수도 있다. 친한 친구라면 나의 이 빨간 점 정직함에 관해 들을 수 있어야 하고, 나 또한 친구에게 그렇게 해주어야 한다.

솔직함: 빨간 점의 정직함을 갖추지 못한 친구는 솔직할 수 없다. 우리는 실패할 것이라는 걱정이나 상대에게 힘든 이야기를 해야 할 때마다 사랑의 거절을 해야 한다는 부담감을 느끼지 않고, 직선적으로 대화를 나눌 만큼 서로 신뢰해야 한다. 마찬가지로 솔직하게 말할 때마다 사과할 필요는 없다. 공유된 신뢰와 존중에 뿌리를 둔 우정 관계에서는 솔직한 대화를 감당할 수 있기 때문이다.

받아들임: 서로 뭐든 솔직하게 털어놓으려면 어떤 경우에도 상대를 받아줄 수 있어야 한다. 서로 받아주어야만 뭐든 털어놓는 관계로 발전할 수 있다.

같은 가치관: 나는 경건한 삶을 살고 하나님이 원하시는 사람으로 점점 변해가고 싶다. 내 친구라면 이런 가치관을 공유해야 한다. 물론 나는 가치관이 다른 사람과도 친하게 지낼 수 있다. 그러나 가치관이 너무 다르거나 같은 가치관의 소유자여도 그대로 살지 못하는 사람은 내게 진정한 영향력을 발휘할 수 없다.

유머: 유머는 내게 정말 중요한 요소다. 내 경우 유머가 부족한 사람과는 아주 가까워지기가 쉽지 않다. 내 친구가 되려면 함께 웃고 때로는 서로 놀릴 수도 있어야 한다. 어떤 사람은 이런 유의 유머를 불편해한다. 하지만 나는 그렇지 않다. 나는 유머가 흘러나오는 자리에서 편안함을 느낀다. 유머는 내가 안전한 우정을 찾을 때 꼭 확인하는 품성 중 하나다.

영적 깊이: 나는 신학자이며 하나님을 사랑하는 사람이다. 하나님에 관해서 자주 생각한다. 그래서 이처럼 늘 하나님을 생각하려는 사람과 깊이 사귀기로 결심했다.

자기 이해: 자신을 아는 것이 중요하다. 나는 내 영혼의 기제를 잘 알고 있다. 내가 품은 동기와 내 장단점을 잘 안다. 오래전 이글스는 "자기 바퀴 소리에 시달리지 마라"[4]고 노래했다. 하지만 그리스도인은 오히려 자기 바퀴 소리를 들어야 한다. 그리스도인 대부분이 자기 자신을 충분히 성찰하지 못한다. 하지만 나는 자기 성찰적인 사람이다. 그리고 내 친구들도 나처럼 자신을 깊이 성찰하는 사람이길 바란다. 자신을 아는 친구라야 믿을 수 있다.

타인 중심: 나는 다른 사람과 대화할 때 주로 상대방에 관한 이야기를 나눈다. 친구가 항상 나와 내 아이들, 내 세상에 관해서 물어봐 주기를 바라지는 않지만, 자기 이야기만

늘어놓지 않는 친구와 대화 나누는 일은 항상 즐겁다. 안전한 피난처와도 같은 친구들은 관계의 '기브앤테이크'의 가치를 이해하며, 이 가치는 관심사가 일방적이지 않은 건강한 대화에서 드러난다.

삶을 하나님이 즐기라고 주신 선물로 여겨 즐길 줄 안다: 내 친구는 영적인 깊이도 있지만 긴장을 풀고 삶을 즐길 줄 안다. 우리는 자주 함께 웃고 논다.

이것이 내 목록이다. 아마 당신의 목록은 다를 것이다. 어떤 경우든 '필레오' 우정은 친밀함과 같은 가치, 같은 경험에서 비롯한다. 이것이 내 목록을 구성하는 핵심 요소이며, 누군가가 나의 믿을 만한 친구가 되기 위해 '통과해야 할' 필터 역할을 한다. 오해하지는 마라. 시험을 통과하지 않으면 내 친구가 될 수 없다는 뜻은 아니다. 다만 내가 중시하고 삶으로 실천하려는 이런 특성이 믿을 만한 친구를 찾기 위한 나의 중요한 기준이라고 말하고 싶다.

나는 많은 사람을 친구로 여기지만 그중에서 믿을 만한 친구는 더 적다. 내가 자란 오하이오주에 그런 친구가 몇 명 있고, 몇 년 전 목회했던 캐나다 온타리오주 런던에도 그런 친구가 한 명 있다. 또 현재 살고 있는 애리조나주 스코츠데일에도 그런 친구가 몇 명 있다. 이처럼 이런 친구는 손에 꼽을 만큼 적다. 이들은 믿을 만하고, 나와 가치관이 같으며, 내게 건강한 즐거움을 준다. 이들과의 우정은 '필레오' 위에 세워진 안전한 피난처와도 같다.

물론 가족도 이런 친구의 범주에 들어간다. 모든 가족이 안전하지는 않지만 원래 하나님은 가정을 안전한 곳으로 설계하셨다. 남편과 아내는 서로 안전한 관계가 되기 위해 노력해야 한다. 부모도 자녀를 위해 가정을 안전한 곳으로 가꾸려고 노력해야 한다. 그렇게 하고 나서는 친척에게도 안전한 피난처가 돼주기 위해 노력해야 한다. 안전한 사람들은 즐거움의 가장 중요한 원천이다. 따라서 가장 먼저 챙겨야 할 원천이다.

옹골진 활동

여기서 '옹골진' 활동이란 즐거움을 얻기 위한 활동 중에서 건강하지 못하고 공허한 활동이 아니라 좋고 실질적인 활동을 말한다. 여기서 이런 활동을 다 나열할 수는 없다. 그러니 성경과 믿을 만하고 경건한 사람들을 통해 "무엇에든지 사랑받을 만한" 것이 무엇인지 발견하려는 노력이 필요하다.

내 친구 중에 공허한 활동을 옹골진 것으로 바꾼 놀라운 이야기의 주인공이 있다. 그들의 이름은 데니와 리치다. 데니는 열여덟 살부터 술을 마시기 시작했다. 얼마 지나지 않아 그는 술에 취하면 난동을 부리는 망나니로 동네에서 유명해졌다. 리치도 십 대 때부터 술을 마시기 시작했다. 어른이 되고서, 심지어 그리스도인이 된 뒤에도 매일 술을 퍼마셨다. 그는 어디를 가든 오후 5시만 되면 핑계를 대고 나와 바로 술집으로 달려갔다. 데니와 리치는 모두 술독에 빠져 살면서 하나님과 사람들에게서 멀어졌다. 하지만 그러면서도 내심 그런 삶이 옳지 않다는 것은 알고 있었다.

마침내 리치는 한계점에 도달했다. 그는 한 그리스도인 친구의 손을 잡고 재활 센터로 들어갔다. 그렇게 회복의 길에 들어선 그는 친구 데니에게 자신의 알코올 중독 사실을 고백하기로 했다. 그래서 데니에게 재활 센터에 가야 해서 같은 밤 시간에 하는 성경 공부에 참여할 수 없다고 말했다. 데니는 그 순간을 이렇게 회상했다. "그 순간 하나님이 리치를 통해 내게 손을 뻗고 계심을 깨달았습니다. 눈에서 눈물이 터져 나왔습니다. 하나님은 리치를 통해 내게 이렇게 말씀하고 계셨습니다. '데니야, 때가 왔다.' 그 즉시 나는 리치에게 나도 재활 센터에 가고 싶다고 말했습니다."

리치는 데니가 자신의 치부를 솔직히 드러낸 데서 큰 영향을 받았다고 말했다. "데니가 자신을 솔직히 드러내자 내 마음이 그렇게 편할 수가 없었습니다. 지금 우리 자녀는 아버지, 더 나아가 자기 아이들의 할아버지를 되찾은 기쁨을 한껏 누리고 있습니다. 애들이 나더러 완전히 새사람이 됐다고 하는데 정말 그렇습니다."

데니도 변했다. "3년 넘게 술을 한 방울도 입에 대지 않으니 삶이 더 즐거워졌습니다. 리치와 나는 술이나 마약에서 회복하고 있는 남성을 위한 모임을 시작했습니다. 그들이 술에서 벗어나도록 돕는 일은 너무도 즐겁습니다."

데니와 리치의 이야기는 옹골진 활동에서 즐거움을 찾는 것이 얼마나 중요한지를 보여준다. 하나님은 다른 사람들을 통해 그들에게 술을 남용하는 일이, 좋고 실질적인 활동이 아니라는 사실을 보여주셨다. 그것은 공허한 활동이었다. 그런 의미에서 우리 삶의 모든 활동을 조사할 필요가 있다. 그 활동이 즐거움만 주는 것이 아니라 유익한지도 확인해야 한다. 그래서 만약 어떤 활동이 공허하고 해롭다는 확신이 선다면 옹골지고 경건한 다른 활동으로 바꾸어야 한다.

다시 말하지만, 옹골진 활동에 무엇이 있는지 다 나열할 수는 없지만, 옳고 그름에 관한 성경의 가르침을 따라서 잘못된 길로 간 적은 한 번도 없다. 하나님을 아는 경건한 사람들의 조언을 따랐다가 실패한 적도 없다. 어떤 활동이 옹골진지 확실한 판단이 서지 않을 때마다 나는 스스로 두 가지 질문을 던진다. '이 활동에 관해서 성경은 뭐라고 말하는가?' '아내나 절친한 친구들은 뭐라고 말할까?'

내가 잘못된 선택을 내린 적이 한 번도 없다는 말은 아니다. 하지만 그런 경우는 대개 하나님의 말씀이나 경건한 주변 사람들의 지혜로운 조언을 무시한 경우였다. 예를 들어, 예전에 나는 뭔가를 사면 즐거움을 얻을 것으로 생각한 적이 많았다. 특히 차에 욕심이 많았다. 그런데 차를 사려고 할 때면 아내가 자제하라고 말할 때가 많았다. 이런 문제(그 외에도 많은 문제)에서는 거의 백이면 백 아내의 판단이 옳았다. 당장은 아쉬워도 아내의 말을 귀담아들으면 나중에 후회하지 않는다. 하지만 아내의 말을 듣지 않았다가 나중에서야 내가 돈을 지혜롭지 못하게 사용했다는 사실을 깨달은 적이 적지 않다. 물론 아내는 내 즐거움을 방해하려는 것이 아니다. 아내는 내가 가정을 비롯한 좋은 영역에서는 얼마든지 즐거움을 누리기를 바라고 전폭적으로 지원해준다. 동시에 아내는 지혜롭다. 이런 지혜를 귀담아들어서 후회해본 적은 단 한 번도 없다. 즐거움의 건강한 원천을 기르기 위한 열쇠 중 하나는 성경과 경건한 사람들을 인생의 가드레일로 삼는 것이다. 그럴 때 유익하고도 옹골진 즐거움을 얻을 수 있다.

하나님에 관한 건전한 시각

하나님은 관계의 하나님이시다. 그런데 안타깝게도 너무

도 많은 그리스도인이 이 점을 놓치고 있다. 그리스도인들이 하나님과의 관계를 '그것'으로 표현하는 말을 들을 때마다 안타까움이 밀려온다. "지금 하나님과의 관계가 어떻습니까?" 내가 물으면 그들은 이렇게 대답한다. "어릴 적에는 '그것'이 있었지요." "고등학교와 대학교 시절, 학업에 바빠 '그것'에서 멀어졌습니다." "지금은 '그것'으로 돌아와 잘하고 있습니다." 너무 많은 그리스도인이 하나님과의 관계를 '그것'으로 표현하는데, 기독교를 한낱 하나의 라이프 스타일로 여기기 때문이다. 그들은 믿음을 한낱 교리들의 집합으로 여기고, 기독교를 인생에 도움이 되는 하나의 세계관으로 여긴다. 이것 자체가 나쁘지는 않지만, 우리가 '그것'이 아니라 '그분'과 사랑의 관계를 맺고 있다는 사실을 놓친 것이 문제다. 하나님은 아버지와 아들과 성령이시다.

요지는 하나님과 맺은 사랑의 관계야말로 가장 중요하다는 것이다. 우리는 즐거움을 추구하도록 설계되었다. 그래서 하나님과 맺은 건강한 관계에서 즐거움을 누리지 못하면 반드시 다른 곳에서 즐거움을 추구하게 되어 있다. 또 영적 삶을 즐거움과 사랑, 기쁨의 건강한 원천으로 잘 경작하지 못한다면 반드시 문제가 발생한다. 건강한 영적 삶 없이는, 분명히 필요에 따라 잘못된 곳에서 즐거움을 찾게 될 것이다. 안타깝게도 수많은 사람이 매일 그렇게 방황하고 있다. 하나님에 대한 건강한 시각의 열쇠는 '그것'이 아닌 '그분'이다.

교회에 가면 진리와 옳은 교리, 하나님과의 관계와 은혜, 기도 생활, 성경 공부, 소그룹 참여, 섬김, 하나님과의 개인적인 시간(기독교 용어로 '큐티')에 관한 이야기를 자주 듣는다. 그런데 우리는 단순히 믿음을 드러내기 위해 이런 일을 하지 않는다. 우리가 이런 일을 하는 이유는, 이것들이 신앙생활에서 즐거움의 원천이 될 수 있기 때문이다. 이런 일을 통해 우리는 점점 더 하나님을 '그것'이 아닌 '그분'으로 보게 된다. 또 이런 일에 참여할수록 하나님 자체를 즐기는 법을 배우게 된다. 하나님은 우리가 예수 그리스도를 통해 그분과 올바른 관계를 맺어, 그분과 그분과의 관계에서 만족과 기쁨을 찾기를 바라신다. 저명한 목사이자 저자인 존 파이퍼(John Piper)는 이처럼 하나님 자체에서 지고한 즐거움을 찾는 것을 "기독교 쾌락주의"라고 불렀다.[5]

받기보다 주어야 한다는 사실을 늘 기억하라

세 번째 요지는 받기보다 줄 때가 더 즐겁다는 사실을 잊지 말라는 것이다. 이것은 정말 단순하지만 더없이 심오한 진리다. 예수님은 늘 이 개념을 가르치고 본으로 보이셨다.

예수님은 함께하는 사람들에게 늘 즐거움을 주셨다. 사도행전을 보면, 사도 바울이 에베소의 해변에서 그곳의 교인들에게 작별 인사를 하면서 예수님의 말씀을 인용했다. "범사에 여러분에게 모본을 보여준 바와 같이 수고하여 약한 사람들을 돕고 또 주 예수께서 친히 말씀하신 바 주는 것이 받는 것보다 복이 있다 하심을 기억하여야 할지니라"(20:35). 여기서 "복이 있다"는 말은 문자적으로 '행복하다'는 뜻이다. 이것은 즐거움과 기쁨으로 이어지는 '필레오' 사랑 이면의 개념과 상통한다. 그렇다면 행복의 열쇠는 즐거움 자체를 위해 즐거움을 찾는 노력을 멈추고 다른 사람에게로 눈을 돌리는 것이다. 받기보다 주는 데 집중하면 가장 즐겁다.

얼마 전 우리 교회의 한 가족이 자식을 잃는 고통을 경험했다. 그들을 지켜보는 것은 씁쓸하면서도 달콤한 경험이었다. 당연히 그 가족의 아픔과 슬픔은 상상을 초월했다. 그 무엇도 위로가 되지 않았다. 그런데 그들이 그 경험에서 깨달은 사실 중 하나는, 슬픔의 한복판에서도 비슷한 상실을 경험한 사람들을 돕기 위한 하나님의 도구로 쓰일 수 있다는 것이었다. 상실 가운데 자신에게서 눈을 떼어 비슷한 비극을 겪은 다른 사람을 도우니 말할 수 없는 기쁨이 찾아왔다. 하나님은 심지어 그 고통스러운 경험까지도 그들에게 기쁨을 주기 위한 통로로 사용하셨다. 그들이 이 복을 누릴 수 있었던 것은 받기보다 주려는 마음이 있었기 때문이다.

나는 이 가족을 보면서 이타적인 나눔의 중요성을 새삼 깨달았다. 시간과 도움의 손길을 주라. 관심을 쏟고 귀를 기울이라. 희생적으로 섬기며 당신이 가진 자원을 주라. "무엇에든지 사랑받을 만한" 것을 생각하는 법을 배우면서 가장 큰 즐거움은 받는 것이 아닌 주는 데 있음을 기억하라.

그리스도인은 삶에서 즐거움을 찾을 줄 모른다는 말은 완전히 틀렸다. 우리도 즐길 줄 안다! 다만 다른 즐거움을 다른 방식으로 추구할 뿐이다. "무엇에든지 사랑받을 만한" 것을 추구한다는 것은 적절한 것에서 적절한 즐거움을 찾고, 건강한 즐거움의 원천을 키우며, 언제나 받기보다 주기 위해 노력한다는 뜻이다.

7장

내 행동을 생각하고
그리스도인다운지 돌아보기

"무엇에든지 칭찬받을 만하며"

집안의 앵무새를 마을의 수다쟁이에게
팔아도 부끄럽지 않을 정도로 살라.

윌 로저스(Will Rogers)

존 그리샴(John Grisham)이라고 하면 모르는 사람이 없다. 그는 35권 이상의 책을 쓴 수상 작가다. 그의 책들은 40개 이상 언어로 번역되어 전 세계에 2억 7,500만 권 이상 팔렸다.[1] 그의 책 중 여러 권이 최고 스타를 내세운 블록버스터 영화로 제작되었다. 하지만 '유명 저자 존 그리샴'이 되기 전 그는 '무명 저자 존 그리샴'이었다.

 1980년대 그리샴은 글을 사랑하는 미시시피주의 국회의원이었다. 그는 『타임 투 킬』(시공사 역간)의 원고를 써서 여러 출판사와 에이전시에 제출했다. 하지만 28개 출판사가 거부했다. 마침내 한 작은 출판사가 그 원고를 받아 초판을 5천 부만 찍기로 계약했다. 1년 뒤 이 책은 조용히 출간되었다. 그리샴은 직접 천 부를 구입하고, 나머지를 팔고자 미국 동남부를 돌아다녔다.[2]

 그러는 사이에 그리샴은 두 번째 소설 『그래서 그들은 바다로 갔다』(시공사 역간)를 썼다. 이 책은 대형 출판사를 통해 출간되어 무려 47주간이나 베스트셀러에 머물렀다. 이 엄청난 성공에 많은 출판사가 그리샴에게 러브콜을 보냈다. 그 뒤로 그는 한 대형 출판사와 오랫동안 좋은 관계를 유지하며 다양한 장르의 책을 냈다. 그리고 그렇게 작가로서 드

높아진 명성을 발판으로 자신이 중시하는 사회적 명분을 추구할 수 있었다. 그와 오래 협력해오던 그 출판사는 결국 그의 첫 소설 『타임 투 킬』(초판을 5천 부만 찍었던 책)의 판권을 사서 새롭게 출판했다. 그 뒤로 지금까지 그 책은 2천만 부 이상 판매되었다! 이제 그의 명성은 하늘을 찌르게 되었다!

"무엇에든지 칭찬받을 만하며"

존 그리샴의 사례에서 보듯이 평판은 강력한 것이다. 그런데 안타깝게도 우리는 대부분 평소 자기 평판에 관해 별로 생각하지 않는다. 하지만 성경은 바로 그런 생각을 해야 한다고 말한다. 사고에 관한 하나님의 여섯 번째 명령은 "무엇에든지 칭찬받을 만하며…이것들을 생각하라"(빌 4:8)는 것이다. NASB 성경은 이 대목을 이렇게 번역한다. "무엇이든 평판이 좋은 것들…이것들을 골똘히 생각하라." 여기서 "칭찬받을 만한"이나 "평판이 좋은"은 다 2천 년 이상 전에 쓰인 헬라어 원본에서 '에우페모스'(*euphemos*)를 번역한 것이다.

'에우페모스'는 꽤 흔히 사용되던 헬라어 단어 두 개로 이루어져 있다. 첫 번째 단어는 '좋은'을 뜻하는 '에우'(*eu*)이고, 두 번째 단어는 '평판이나 소문'을 뜻하는 '페메'(*pheme*)

다. '페메'란 단어는 성경에서 예수님이 사십 일 밤낮 광야에서 시험을 받고 돌아오신 상황을 묘사할 때 사용되었다. "예수께서 성령의 능력으로 갈릴리에 돌아가시니 그 소문(페메)이 사방에 퍼졌고 친히 그 여러 회당에서 가르치시매 뭇사람에게 칭송을 받으시더라"(눅 4:14-15). 예수님에 관한 소식이 퍼졌다. 사람들이 예수님에 관해 이야기하면서 평판이 쌓였다.

따라서 '에우페모스'란 문자적으로 '좋은 소문' 혹은 '좋은 평판'을 뜻한다. 다른 사람이 당신과 당신의 삶을 보고 당신에 관해 좋은 말을 한다는 의미다. 이런 평판의 중요성이 우리의 사고 속에 깊이 자리 잡고 있어야 한다. 빌립보서 4장 8절에 따르면 우리는 자신의 평판(다른 사람에 우리에 대해 뭐라고 말하는지)을 늘 숙고해야 한다. 그래야 전능하신 하나님 앞에서 자신의 현주소를 분명하게 보며 살아갈 수 있다.

평판 등식

다음과 같은 등식이 우리의 평판을 형성한다.

우리 행동 + 다른 사람의 평가 = 평판

평판은 우리가 하는 말과 행동이 그것에 관한 다른 사람의 관찰과 평가, 의견과 대화가 결합해 이루어진다. 우리의 행동과 다른 사람의 평가가 하나로 만날 때만 평판이 형성된다.

예를 들어, 나는 정의를 중시해서 늘 정의를 바로 세우는 일을 생각하고 그 신념에 따라 행동하려고 노력한다. 그래서 다른 사람이 내 말과 행동을 관찰하고서 내가 어려운 사람들을 사랑하고 정의를 위해 목숨을 바칠 사람이라고 생각할 수 있다. 그러면 내 행동과 그것에 대한 다른 사람의 평가를 통해, 정의에 대한 사회의 기준에 따라 나는 최소한 선하고 칭찬받을 만한 사람이라는 평판을 얻게 될 것이다. 하지만 안타깝게도 누군가가 내 행동을 보고 부당하게 평가해서 나를 나쁘게 판단할 가능성도 있다!

다음 표를 보면 두 요소가 결합해 전혀 다른 평판이 나올 수 있음을 알 수 있다.

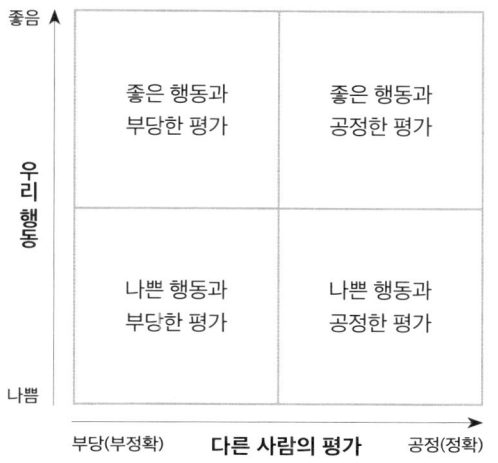

이 표는 왜 우리가 좋거나 나쁜 평판, 부당하거나 공정한 평판을 받을 수 있는지를 보여준다. 보다시피 우리의 평판은 모든 평판을 구성하는 두 가지 요소로 귀결된다. 그 요소는 우리의 행동과 다른 사람의 평가다. 빌립보서 4장 8장의 좋은 평가는 오른쪽 상단 사분면에 해당한다. 우리의 행동이 좋고 다른 사람의 평가도 공정하고 정확하면 '좋은 평판'(에우페모스)을 얻는다. 또한 이것이 우리가 추구해야 할 것이다. 우리는 늘 자신을 돌아보고 '좋은 평판'을 얻고자 노력해야 한다.

하지만 평판은 여간 복잡하지 않다. 대개 우리의 행동에 대한 다른 사람의 평가를 통제할 수 없다. 우리가 좋은 행동을 해도 다른 사람이 좋게 봐주지 않을 수도 있다. 그런 부당하거나 부정확한 평가는 왼쪽 상단 사분면에 해당하는 나쁜 평판을 낳는다. 성경은 이런 상황을 "악한 이름"이라고 표현했다. "우리가 이 직분이 비방을 받지 않게 하려고 무엇에든지 아무에게도 거리끼지 않게 하고 오직 모든 일에 하나님의 일꾼으로 자천하여…영광과 욕됨으로 그러했으며 악한 이름과 아름다운 이름으로 그러했느니라 우리는 속이는 자 같으나 참되고"(고후 6:3-4, 8). 여기서 "악한 이름"은 중상을, "아름다운 이름"은 칭찬을 뜻한다.

고린도후서 6장 8절에서 "아름다운 이름"에 해당하는 헬라어는 '에우페모스'의 변형으로, 역시 '좋은 평판'을 의미한다. "악한 이름"에 해당하는 헬라어는 '두스페미아'(dusphemia)로, '두스'와 '페미아'의 두 어근으로 이루어져 있다. 앞서 말했듯이 '페메'는 '평판'을 의미하고, '에우'는 '좋은'이지만 '두스'는 '힘든, 어려운 혹은 가혹한'을 의미한다. 따라서 '두스페미아'는 '가혹한 소문', 요즘 말로 하자면 '비방'이다.

당연히 평판과 관련해서 우리가 직접적으로 통제할 수 있는 유일한 부분은 자기 행동이다. 비방은 가혹하다. 우리가 좋은 행동을 하는데 다른 사람이 오해해서 좋게 봐주지 않으니까 말이다. 안타깝게도 이 타락한 세상에서는 그런 일이 비일비재하다. 우리의 좋은 행동을 다른 사람이 부당하거나 부정확하게 평가하면 우리는 상처를 받는다. 고린도후서 6장 8절에서 보듯이, 사도 바울은 이런 고충을 겪어봐서 잘 알고 있었다. 그의 좋은 노력이 공정하고 정확한 평가를 받으면 칭찬이 따랐지만, 그 선한 노력이 부당하거나 부정확하게 평가되면 비방이 따랐다.

비방은 상대방에 대해 부당한 말을 하는 것이다. 이런 일은 누구에게나 일어난다. 세상에서 많은 사역을 하는 꽤 큰 교회의 목사로서 나는 칭찬과 비방을 모두 받는다. 우리의 노력이 좋은 결실을 보면 칭찬이 날아온다. 하지만 우리의 노력이 부정확하거나 부당한 평가를 받으면 대개 비난의 화살은 내게로 날아온다.

누구나 자기 행동이 아니라 다른 사람의 부정확하고 부당한 평가 때문에 평판이 위협받을 때가 있다. 좋은 의도로 한 행동이라고 해도 다른 사람이 그렇게 봐주지 않을 때도 있다. 이런 경험을 하고 나면 우리 행동에 대한 다른 사람의 평가를 직접 통제할 수 없다는 사실을 배운다.

오른쪽 하단 사분면을 보면 우리의 행동이 나쁘고 다른 사람의 평가가 공정할 때 나쁜 평판이 나타난다. 빌립보서 4장 8절은 나쁜 평판을 받는 우측 하단 사분면의 그리스도인이 되지 않도록 우리의 평판을 늘 생각하라고 명령한다.

좌측 하단 사분면은 다른 사람이 좋다고 잘못 판단하는 나쁜 행동을 말한다. 당신에게 혹은 당신 주변에서는 이런 일이 일어나지 않았으면 좋겠다. 사람이 악하게 행동하고도 세상에서 칭찬과 찬사를 받는 경우가 꽤 많다. 이런 '반영웅'(antihero) 행동은 좌측 하단 사분면에 속한다. 악동 캐릭터로 인기를 얻는 연예인이 이런 역학을 잘 알고 있다.

우리 행동과 그에 관한 다른 이의 평가가 결합해 우리의 평판을 형성한다. 우리는 우리 말과 태도, 행동에 관한 다른 사람의 평가는 거의 통제할 수 없지만, 자기 행동만큼은 분명히 통제할 수 있다. 이것이 빌립보서 4장 8절의 요지다. "무엇에든지 칭찬받을 만한" 것에는 다른 사람이 정확히 판단했을 때 칭찬하거나 좋다고 소문을 퍼뜨릴 만한 모든 것이 포함된다. 이렇게 칭찬받을 가치가 있는 것들이 우리가 일상적으로 사고하는 부분이 되어야 한다.

"무엇에든지 칭찬받을 만한" 것에 관해 생각하는 것은 곧 '평판'을 생각하는 것이다. 물론 평판에 관해 생각한다는 것은 어떻게 하면 다른 사람들의 눈에 들지를 생각하라는 뜻이 아니다. 다시 말하지만 우리는 다른 사람의 평가를 직접 통제할 수 없다. 하지만 늘 좋은 평판을 생각하여 예수님의 제자로서 선하게 살도록 노력할 수는 있다. 그러면 주변 사람들에게 감동을 주어 좋은 평판을 얻을 수 있다.

좋은 평판의 구성 요소

좋은 행동에 따라 좋은 평판을 쌓으려면 무엇이 좋은 행동인지를 알아야 한다. 어떻게 해야 다른 사람이 좋고 경건하다고 말할까? "칭찬받을 만한" 평판을 얻기 위해서는 무엇에 초점을 맞추어야 할까?

이것은 중요하고 절대 간과해서는 안 될 질문이다. 그런데 이 질문에 그리스도인이 답하는 전형적인 대답에는 꽤 문제가 있다. 그리스도인 대부분이 행동하는 모습에서 다음과 같은 것을 좋은 평판의 구성 요소로 생각한다는 점을 확인할 수 있다.

- 엄격한 도덕성
- 정확한 교리
- 보수적인 시각
- 교회 출석

이것이 그리스도인 대부분이 주변 세상에 자랑하고, 다른 사람에게 좋은 모습을 보이려고 내세우는 것들이다. 이를 통해 이웃이나 친구, 동료, 거래처 사람에게 좋은 평판을 얻으리라고 믿는 그리스도인이 많다.

하지만 이런 것이 아무리 좋다고 해도 성경은 좋은 평판으로 가는 전혀 다른 길을 제시한다. 신약에서 '에우페모스'의 앞부분인 '에우'란 단어의 용례를 추적해보면 성경이 무엇을 '좋게' 보는지를 확인할 수 있다. '에우'란 단어는 신약에서 단 네 번만 사용되었는데, 이 용례에서 좋은 평판의 진정한 구성 요소인 다음과 같은 네 가지 종류의 행동을 밝힌다.

- 충성
- 자비
- 의
- 존중

이 네 가지 행동을 하나씩 자세히 살펴보자.

충성

예수님은 모든 제자가 다양한 영적 은사와 재능을 받았으며 그것을 반드시 사용해야 한다는 점을 가르치려고 한 비유를 사용하셨다. 예수님은 사람마다 다른 종류와 정도의 재능을 받았다고 가르치셨다(예를 들어 어떤 이는 한 달란트를, 어떤 이는 두 달란트를, 어떤 이는 다섯 달란트를 받았다). 핵심은 얼마나 많은 재능을 받았느냐가 아니라 받은 재능으로 무엇을 했느냐이다. 예수님의 비유에서, 주인이 자신에게 주어진 복을 최대한 활용한 충성스러운 두 종에게 뭐라고 말하는지 보라.

> 그 주인이 이르되 잘하였도다 착하고 충성된 종아 네가 적은 일에 충성하였으매 내가 많은 것을 네게 맡기리니 네 주인의 즐거움에 참여할지어다 하고…그 주인이 이르되 잘하였도다 착하고 충성된 종아 네가 적은 일에 충성하였으매 내가 많은 것을 네게 맡기리니 네 주인의 즐거움에 참여할지어다 하고(마 25:21, 23).

주인은 둘 다 "잘하였도다!"라고 칭찬했다. 여기서 반복에 주목해야 한다. 예수님은 요지를 강조하기 위해 이 표현을 반복해서 사용하신 것이 분명하다. 주인은 충성스러운 일꾼들을 칭찬하기 위해 '좋은'이란 뜻의 '에우'라는 단어를 사용했다. 하나님과 다른 사람들 앞에서 한 충성스러운 행동은 좋은 것이다. "잘하였도다"는 하나님이 좋은 평판의 구성 요소 중 하나로 사용하시는 것이다.

충성이 좋은 평판의 구성 요소라는 것은 너무도 당연하

다. 이 세상의 많은 사람이 충성스러움과 꾸준함을 보고 경험하기를 갈망하고 있다. 많은 가정이 (종종 불륜 때문에) 이혼으로 끝나는 세상에서 20년, 30년, 40년, 50년, 심지어 60년이 넘도록 변함없이 사랑하며 사는 부부는 사람들에게 감동을 준다.

나쁜 일이 일어나면 너도나도 믿음을 버리는 세상에서 고난의 한복판에서도 믿음을 끝까지 지키는 사람을 보면 감동할 수밖에 없다. 이렇듯 충성은 좋은 평판을 만들어낸다.

비가 오나 눈이 오나 변함없이 곁을 지켜주는 충성스러운 친구를 찾기 어려운 세상에서 충성스러운 우정을 보면 사람들은 감동한다. 역시 충성은 좋은 평판을 만들어낸다.

성경적인 '에우페모스'(좋은 평판)의 첫 단추는 충성이다. 평판을 생각할 때 반드시 충성을 생각해야 한다.

자비

성경은 예수님께 비싼 향유를 병째 붓는 여성을 그분이 그냥 두었다고 비난받으시는 장면을 그리고 있다. 사실 이 여성의 행동은 매우 훌륭했다. 하지만 그 모습을 보던 사람들은 그 향수를 팔아 가난한 사람들을 먹일 수 있었다며 안타까워했다. 성경은 사람들이 그 여성의 행동에 분개했다고 말한다. 이에 예수님은 이렇게 말씀하셨다. "가난한 자들은 항상 너희와 함께 있으니 아무 때라도 원하는 대로 도울 수 있거니와 나는 너희와 항상 함께 있지 아니하리라"(막 14:7).

'도울 수 있다'(좋은 일을 할 수 있다는 뜻으로, 이번에도 헬라어 '에우'가 사용되었다)라는 예수님의 말씀은 자주 오해를 받는다. 대부분 타락한 세상에서 가난한 사람들은 항상 있을 테지만 당장 그들을 돕는 일보다 더 중요한 일이 있다는 뜻으로 풀이된다. 물론 여기서 더 중요한 일은 여인이 예수님께 향수를 부은 행위를 말한다. 이들은 예수님이 하신 이 말씀을 근거로 어려운 사람을 돕는 일의 중요성을 깎아내린다. 하지만 이런 해석은 예수님의 요지를 완전히 놓친 것이다. 예수님은 자신에게 향수를 부은 여인을 옹호하셨지만 동시에 가난하고 어려운 사람들을 돕는 것이 좋은 일이라는 점을 분명히 하셨다. 그분은 가난한 자들을 돕는 일의 중요성을 조금도 깎아내리지 않으셨다. 예수님은 우리가 원하면 언제든지 어려운 사람을 도울 자원과 능력이 있다고 말씀하신 것이다. 그리고 그들을 돕는 것은 좋은 일이다. 분명 예수님은 어려운 사람을 돕는 자비의 행위를, 좋은 평판을 낳는 좋은 일로 여기셨다.

그리스도인은 그릇된 비판의 표적이 되기 쉽다. 비판하려는 사람이 찾는 흔한 전술은 기독교 2천 년 역사 속의 '오점'을 찾아내는 것이다. 십자군처럼 자칭 그리스도인이라는 자가 예수님의 윤리와 도를 분명히 저버린 경우를 찾아내어 비난한다. 이런 오점에 관해서는 우리가 겸허하게 인정해야 하지만, 기독교 역사에서 이런 일은 매우 예외적인 경우다. 훌륭하고 칭찬받을 만한 일이 훨씬 더 많다.

지금까지 2천 년 이상 그리스도인은 어려운 사람을 돕는 일에 누구보다도 앞장섰다. 기독교 역사에서 가장 어두운 순간에도 어려운 사람을 도우려는 노력을 쉬지 않은 덕에 여러 나라에서 그리스도인들은 '소금과 빛'이라는 평판을 얻었다. 초대교회, 중세, 르네상스, 계몽주의, 산업 혁명, 기술 혁명 그리고 지금 디지털 혁명의 시대까지 그리스도인은 어려운 사람들에 대한 자비와 정의, 돌봄을 우선했다.

헨리 포드(Henry Ford)는 이런 말을 했다. "앞으로 할 일로는 평판을 쌓을 수는 없다. 이미 이룬 일로만 성과를 쌓을 수 있다."[3] 그리스도인은 의료 선교를 펼치고, 빈민가에 무료 급식을 제공하며, 제삼 세계 구호 활동을 해왔다(월드비전, 컴패션, 사마리안퍼스 같은 NGO 활동). 또 인도와 멕시코, 아이티 등에 보육원을 세우고, 가난하고 소외된 자들을 돌보는 일에 늘 앞장섰다.

사람들이 우리의 정확한 교리를 봐주지 않을 수도 있고, 우리의 합리적이고 설득력 있는 정치 활동에 동의하지 않을 수도 있으며, 우리가 꾸준히 교회에 출석하는 것에 아무런 감흥이 없을 수도 있다. 또 사람들이 우리의 도덕적 모습 이면의 동기를 완전히 오해할 수도 있다. 그러나 그들이 우리가 자비를 베푸는 모습을 보면, 우리의 평판은 올라갈 수밖에 없으며, 심지어 그 자비로운 행위에 반응을 보일 수도 있다. 평판을 생각할 때는 항상 자비를 생각해야 한다.

의

사도행전에서 우리는 헬라어 '에우'의 세 번째 사용을 확인할 수 있다. 예루살렘의 리더들이 바울과 바나바에게 안디옥 교회 내에서 벌어지는 유대인과 이방인 사이의 갈등을 어떻게 다룰지 지시하고 있다. 그들은 이방인이 구약의 유대교 율법을 모두 지켜야 예수님의 제자라고 말할 수 있는지에 관해 이렇게 말한다.

> 성령과 우리는 이 요긴한 것들 외에는 아무 짐도 너희에게 지우지 아니하는 것이 옳은 줄 알았노니 우상의 제물과 피와 목매어 죽인 것과 음행을 멀리할지니라 이에 스스로 삼가면 잘되리라(행 15:28-29).

이 구절은 1세기의 갈등, 즉 구약의 율법에 따른 의를 다룬다. 유대인과 이방인을 연합하게 할 새로운 가치 말이다.

이 둘 사이에 충돌이 일어나고 있었다. 리더들은 이 새로운 가치를 내세우면서도 좋은 평판을 낳는 '좋은 행위'와 의를 분명히 연결하고 있다.

우리가 이 타락하고 썩은 세상에서 가끔 넘어지면서도 다시 일어나 하나님을 따르면 다른 사람들이 우리를 보며 "저 사람은 정말로 믿는 대로 살고 있구나!"라며 감탄하게 된다. 그렇다고 해서 세상 사람들보다 고결한 척하자는 말은 아니다. 하지만 반대 경우를 생각해보라. 우리가 세상 사람보다 의와 도덕을 조금이라도 더 갖추지 않으면 위선자라는 손가락질이 날아올 것이다. 완벽해져야 한다는 말이 아니다. 누구나 어느 정도 위선적인 면모가 있다. 하지만 스스로 성령으로 충만한 예수 그리스도의 제자라고 주장한다면, 세상의 기준과는 확연히 다른 의로운 모습을 어느 정도는 갖추고 있어야 한다. 아울러 의를 쌓는 데는 평생이 걸리며, 우리의 의가 한순간에 무너져 내릴 수도 있다는 점을 잊지 말아야 한다. 의는 귀하다. 그래서 믿지 않는 세상 사람도 우리의 의로운 모습을 볼 때 그리스도인은 어딘가 다르다고 인정해준다.

인격과 도덕성 같은 의의 측면은 (특히 겸손이나 은혜와 겸비될 때) 존경받는다. 따라서 의는 분명 좋은 평판의 구성 요소 중 하나다. 평판을 생각할 때는 항상 의를 생각해야 한다.

존중

에베소서에서 하나님은 사도 바울을 통해 자녀에게 약속이 담긴 명령을 내리셨다. "네 아버지와 어머니를 공경하라…이로써 네가 잘되고 땅에서 장수하리라"(엡 6:2-3).

여기서 '공경하다'라는 단어는 '존중심을 보이다, 가치 있게 여기다, 존경하다'라는 뜻이다.[4] 부모를 공경한다는 것은 항상 부모의 의견에 동의한다는 뜻이 아니라 설사 자신만의 방식과 믿음에서 부모와 의견이 다르다고 해도 존경심을 보인다는 뜻이다. 존중은 말의 내용보다 방식과 더 관련이 있다. 상대방을 존중하는 사람은 진실을 말한다. 단, 성경의 명령에 따라 언제나 "온유와 두려움으로"(벧전 3:15) 그렇게 한다. 우리가 이런 식으로 행동하면 부모만이 아니라 주변 사람들도 우리를 눈여겨본다. 이것이 '잘되고'의 의미다. 이번에도 헬라어 '에우'가 등장한다. 다시 말하면, 우리가 존중심을 보이면 그것이 '좋은' 일이어서 우리의 평판이 좋아진다는 뜻이다.

존중이 우리의 평판을 높여준다는 개념은 부모에게만 해당하지 않는다. 우리는 배우자, 상사와 고용주도 존중해야 한다. 물론 목사도 존중해야 한다! 아니, 모든 관계에서 존중심을 보여야 한다. 하나님은 좋은 평판을 쌓는 데 존중심을 보이는 것이 얼마나 중요한지를 잘 알고 계신다. 평판을 생각할 때는 항상 존중도 생각해야 한다.

평판이 중요하다

이번 장을 마무리하는 지금, 나는 미시간주 북부에 있는 우리 가족의 작은 별장에서 아내와 함께 휴양하고 있다. 조용하고 평화로운 곳이다. 정신적 에너지가 소모되는 남서부의 복잡한 삶에서 멀리 떨어진 곳이다. 이곳 마을의 인구는 우리 교회 교인의 7분의 1에 불과하다.

오늘 이 작은 집의 에어컨이 고장 났다. 고온 다습한 중서부의 여름에는 정말 반갑지 않은 일이다. 나는 이 마을의 에어컨 기사에게 전화를 걸었다. 이곳에 처음 왔을 때 이웃은 이 기사가 일을 잘할 뿐 아니라 '좋은 사람'이라고 말했다. 옆집 수저 개수까지 아는 동네에서 이 정도면 썩 나쁘지 않은 평판이다. 이 기사가 왜 좋은 사람인지 묻자 이웃은 이렇게 대답했다. "정말 친절한 사람이에요. 누구에게도 무례하게 굴지 않고 절대 바가지를 씌우지 않아요. 정직하고 믿을 만한 사람이랍니다."

이 사람을 지켜보니 평판 그대로였다. 그는 친절하고 정중할 뿐 아니라 일도 똑 부러지게 잘했다. 그리고 알고 보니 역시나 신앙심이 깊은 그리스도인이었다. 이 조합은 더없이 강력한 살아 있는 간증이 되었다.

우리의 평판은 우리 행동과 다른 사람의 평판이 어우러진 결과다. 다른 사람의 평가는 통제할 수 없지만 우리 행동만큼은 통제할 수 있다. 우리가 보일 수 있는 충성, 자비, 의, 존중의 행위를 모두 상상해보자. 우리의 생각이 늘 이런 것을 향해 있으면 좋은 평판이 쌓일 좋은 기초를 갖춘 셈이다. 좋은 평판은 하나님이 기뻐하시는 것이요, 그분의 영광을 위해 사용되는 것이다.

8장
성경적인 탁월함을 생각하기

"무슨 덕이 있든지"

그리스도는 이렇게 말씀하신다.
"내게 전부를 주라. 나는 네 시간과 돈, 일의
상당 부분을 원하지 않는다. 나는 너를 원한다…
어중간한 것은 전혀 좋은 것이 아니다."

C. S. 루이스

현대인이 사랑해 마지않는 것 중 하나는 바로 탁월함이다. 우리는 훌륭한 옷, 훌륭한 음식, 훌륭한 교육, 탁월한 자동차, 탁월한 스포츠팀, 탁월한 고객 서비스, 훌륭한 정부, 탁월한 인터넷 서비스, 탁월한 의료 서비스, 탁월한 퇴직 제도를 원한다. 수많은 것이 탁월한 이 현대 세상에서 우리는 언제나 탁월함을 기대한다.

사실 우리는 조금이라도 탁월하지 못한 경험을 하면 참지를 못한다. 2015년 컨슈머 리포트 미국 리서치 센터의 조사 결과, 그해 동안 미국인 90퍼센트가 어떤 식으로든 고객 서비스에 불만을 표시한 적이 있다고 답했다. 응답자 중 절반 이상이 형편없는 고객 서비스 때문에 계획했던 구매를 하지 않고 상점을 나왔다고 대답했다. 또 무려 57퍼센트가 원하던 답을 얻지 못해 고객 센터 직원의 전화를 홱 끊어 버린 적이 있다고 한다.[1] 그렇다. 현대인은 탁월함을 원한다. 조금이라도 부족한 것은 도무지 참을 수 없다.

"무슨 덕이 있든지"

그런데 성경은 "무슨 덕(탁월함)이 있든지"라고 말하니 좀 이상하지 않은가? 성경은 마치 탁월함이 희소한 것처럼 말하고 있다. 실제로 그렇다. 최소한 옳은 종류의 탁월함, 하나님의 탁월함은 희소하다.

빌립보서에서 "덕"으로 번역된 헬라어는 '아레테'(arete)이며, '뛰어나게 좋음'이란 뜻도 있다.[2] 2천 년 전 이 구절이 쓰일 당시의 그리스·로마 제국에서는 이 단어가 흔히 쓰였다. 하지만 성경 저자들은 이 단어를 좀처럼 사용하지 않았다.

그리스인은 이 단어를 지독히 좋아했다. 그들은 어떤 분야에서든 뛰어난 성과가 나타날 때마다 흔히 이 단어를 사용했다. 땅부터 동물과 몸의 기관까지 모든 것을 탁월함의 잣대로 평가했다.[3]

호머(Homer) 시대에 '아레테'는 남자다움, 즉 군대와 전장에서 남성의 탁월함을 표현하기 위해 사용되었다. 그리스 철학자들은 지적인 훌륭함에 이 단어를 사용했고, 그리스인은 탁월한 힘을 지닌 신들에 관해서도 이 단어를 사용했다.[4] 심지어 '아레테'라는 이름의 여신도 있었다. 그녀는 미덕과 용기의 여신이었다.[5]

1980년부터 2001년까지 미군은 지금도 미국인 대부분이 기억하는 '최선을 다하라'는 표어를 내걸었다. 미군은 탁월한 사람이 되라는 도전의 메시지로 젊은 남녀를 불러 모았다. 그리스인도 인생에 관해 이와 비슷한 생각을 품고 있었다. 전쟁에서 교육과 운동, 상거래, 경기의 명칭까지 모든 것에서 탁월함이란 단어가 빠지지 않았다. 그들은 '아레테'란 단어를 사용하여 평범한 삶과 성공한 삶을 철저히 구분했다.

오늘날 우리의 문화도 별로 다르지 않다. 앞서 지적했듯이 우리도 삶의 거의 모든 영역에서 탁월함을 추구하고, 탁월함을 인간 성취의 최고봉으로 본다. 또 인간의 천재성을 통해 탁월함을 이루려고 한다. 고대 그리스인처럼 우리 사회에서도 '뛰어나게 좋음'이라는 개념이 절대적 자리를 차지하고 있다. 스티브 잡스가 생전에 한 말에서도 그런 태도를 엿볼 수 있다. "우리가 많은 일을 할 수는 없으니 모두 자기 일에서 정말로 탁월해져야 한다. 왜냐하면 이것은 우리의 삶이기 때문이다."[6]

맞는 말이지 않은가? 탁월함은 무조건 좋은 것이니까. 하지만 과연 그럴까?

폭포에서 실개울로

당시 성경 저자들이 이 헬라어 단어를 사용하는 방식은 다소 뜻밖이다. 그리스인은 온갖 상황에서 이 단어를 수없이 사용했지만 성경 저자들은 겨우 몇 번만 아주 주의를 기울여서 이 단어를 사용했다. 이 차이는 폭포와 실개울만큼이나 크다.

헬라어 구약성경에서 '아레테'는 여섯 번 정도밖에 등장하지 않는다. 신약에서는 더 적게 나타난다. 여기서 우리는 묻지 않을 수 없다. 이런 가뭄의 원인은 무엇일까? '탁월함'이라는 단어를 자주 사용하는 문화에서 왜 성경 저자들은 이 단어의 사용을 그토록 심하게 삼갔을까? '아레테'란 단어는 전혀 저속한 표현이 아니다. 그런데도 분명 성경은 이 단어를 피하고 있다. 이렇게 긍정적인 단어가 왜 성경에서는 잘 등장하지 않는 것일까?

답은 바로 세계관에 있다. 주변 세상을 어떻게 '생각하느냐'가 그런 차이를 만들어냈다. 『신약 신학 사전』에서 우리의 질문에 어떻게 답하는지 보자.

신약에서 '아레테'란 단어를 사용한 구절이 별로 없는 이유를 이해하기 위해서는 (헬라어 구약성경이) 그리스의 덕 개념을 독특하게 적용하고 있다는 점을 이해하는 것이 중요하다…사람이 늘 거룩하신 하나님 앞에서 도덕적인 책임을 지는 (성경적인) 세상에서는 그리스의 덕(탁월함) 개념이 그 약속을 지킬 수 없다. 그리스의 덕 개념은 반종교적이지는 않되 너무 인간 중심적이고 세상적이다. 구약과 신약이 모

두 증언하는 것은 인간의 성취나 공로가 아닌 하나님의 역사다.[7]

간단히 말하면, 성경 저자들은 인간의 힘을 통해 얻은 인간적인 성공을 자랑하지 않도록 조심했다. 그들은 하나님의 탁월함, 즉 우리가 그분의 뜻을 따라 생각하고 행동할 때 얻는 탁월함에 더 관심을 가졌다. 하나님은 그분의 인도와 능력 없이 탁월함을 이루려는 모든 시도가 약한 엔진을 장착한 아름다운 자동차처럼, 겉으로는 좋아 보이지만 안이 형편없어서 얼마 가지 못한다고 말씀하신다. 오직 하나님이 주시는 연료로 하나님의 뜻에 따라 얻은 탁월함만이 충분하다. 그 외에는 기껏해야 하찮고, 심지어 위험할 수도 있다.

구약 저자들은 이런 시각에 따라 '아레테'란 단어를 여섯 번만 사용했다. 그나마 다섯 번은 하나님을 묘사할 때 사용했고, 단 한 번만 한 경건한 대제사장에 관해 사용했다(슥 6:13 참고). 신약에서 '아레테'는 오직 네 번만 등장한다. 두 번은 하나님에 관해 사용되었고, 두 번은 하나님을 따르고 그분의 관점으로 탁월함을 보는 그리스도인에 관해 사용되었다. 이처럼 이 단어와 탁월함의 개념에 대한 성경의 접근법은 세상 방식과 완전히 다르다. 탁월함에 대한 접근법이 그 양과 내용에서 고대 그리스든 현대의 미국이든, 세상 방식과 완전히 다른 것이다.

정리하자면, 탁월함에 관한 성경적 시각은 두 가지 핵심 요소로 이루어진다.

1. 탁월함에 관한 선택과 방향 모두 '성경의 인도'에 따라 이루어져야 한다.
2. 탁월함을 추구하기 위한 동기 유발과 행동은 모두 '성령의 능력'으로 이루어져야 한다.

다시 말해, 우리는 무엇에서 탁월해질지를 성경에 비추어 결정하고, 하나님을 의지하며 성령의 능력으로 그 탁월함을 추구해야 한다. 이런 두 가지 기초에 따라 탁월함을 추구할 때만이 '탁월함을 생각하라'는 빌립보서 4장 8절의 명령에 제대로 순종할 수 있다. 이 두 가지 기초에서 시작할 때만이 비로소 우리는 "무슨 덕이 있든지"라는 성경의 말씀을 제대로 이해하는 것이다.

소년에서 남자로, 소녀에서 여자로

성경의 인도를 따르고 성령의 능력으로 이루어지는 탁월함이라는 개념은 지극히 단순해 보이지만 대충 넘어가서는 안 된다. 성경의 말씀과 내주하시는 성령의 능력으로 탁월함을 추구하는 것은 이 타락한 세상에서 하나님을 따르는 삶의 핵심 중 하나다. 옛말을 빌어서 표현하자면, 이 두 가지 기초에 따라 탁월함을 추구하는 것은 신앙생활에서 "소년과 남자, 소녀와 여자를 가르는" 결정적인 요인이다. 이 두 가지는 믿음의 개울에 한 발을 살짝 담근 사람과 믿음의 바다에 온몸을 던진 사람이 보여주는 차이이며, 아직 젖을 먹는 아기와 단단한 음식을 먹는 성인의 차이이기도 하다 (히 5:12-14 참고).

성경의 인도와 성령의 능력으로 탁월함을 추구하는 삶의 정반대를 생각해보라. 그것은 세상 인도와 자기 능력으로 탁월함을 추구하는 삶이다. 그런 사람들은 주변 세상의 흐름을 따라가고, 텔레비전 토크쇼와 베스트셀러, 술친구의 조언, 시사 뉴스 그리고 자신의 유한한 머리에 따라 옳고 좋은 것을 판단해서 좇는다. 그들이 이루는 탁월함은 다음과 같은 세상 것일 뿐이다.

- 사랑하는 사람을 버리더라도 배경 좋은 배우자와 결혼하는 것
- 나눔과 희생을 포기하더라도 더 많은 부를 쌓는 것
- 꼼수를 써서라도 직장에서 성공하는 것

- 개인적인 관계를 망치고 용서하지 않더라도 감정적 행복을 얻는 것

이것은 세상적인 탁월함이다.

세상의 탁월함을 추구하면 자기 힘을 동원하게 되는 것이 자연스러운 다음 수순이다. '자신'의 힘으로 일을 이루려고 애쓰고, 자기 안의 힘을 모아 세상적인 목표를 추구하게 된다. 다른 사람보다 앞서고 이생에서 최대한 많은 것을 누리려 하기에 일상이 난타전으로 변한다. 문제에 봉착하면 스스로 해법을 찾는다. 예를 들어, 자기 계발 서적을 읽는다거나 상담자를 찾아가거나 자신에게 힘을 주는 영화를 본다. 자기 안에서 인내심과 자제력을 끌어낸다. 철저히 자기 힘을 의지하려는 것이다.

탁월함에 대한 두 접근법은 성경이 말하는 "육체"와 "성령"의 오랜 전투를 보여준다(갈 5:16-25 참고). 둘의 차이는 이렇다. 하나는 앞서가기 위해 인간적인 육신의 힘을 의지한다. 다른 하나는 성령의 인도하심과 능력을 의지한다. 세상의 탁월함을 자기 힘으로 추구할 텐가? 아니면 성경적인 탁월함을 성령의 힘으로 추구할 텐가? 성경이 말하는 "육신"의 삶을 살 것인가?(고전 3:3) 아니면 생각하고 느끼며 행동하는 모든 것이 하나님께로 향한 삶을 살 것인가? 어떤 탁

월함을 어떻게 추구하느냐에 많은 것이 걸려 있다.

예수님은 이 땅에 사실 때 하나님만 바라보고 의지하는 삶의 완벽한 본을 보여주셨다. 그분은 "사람이 떡으로만 살 것이 아니요 하나님의 입으로부터 나오는 모든 말씀으로 살 것이라 하였느니라"(마 4:4)고 말씀하셨다. 예수님은 성경적인 탁월함을 분명히 강조하셨다. 또 "내가 진실로 진실로 너희에게 이르노니 아들이 아버지께서 하시는 일을 보지 않고는 아무것도 스스로 할 수 없나니…나와 아버지는 하나이니라"(요 5:19, 10:30)는 말씀으로 자신의 능력이 아버지에 대한 믿음에서 직접적으로 나온다는 사실을 밝히셨다. 예수님은 언제나 하나님의 계시에 따라 그리고 아버지와 늘 연결된 상태에서 얻는 성령의 능력으로 탁월함을 추구하셨다. 그분은 모든 면에서 죄 없이 완벽한 삶을 사셨다. 당신과 나는 이런 완벽함에 도달할 수 없지만 그래도 예수님이 본을 보이신 탁월함을 추구할 수는 있다. 성경의 인도와 성령의 능력에 따라 추구한 탁월함은 예수님께 유익이 되었다. 따라서 우리에게도 반드시 유익이 된다.

시장에서의 탁월함

내 친구 중 한 명은 30년 이상 경력을 지닌 증권 중개인이다. 그는 자기 일을 정말 잘하고 오랫동안 가족을 잘 부양했다. 여러 유명한 증권 회사에서 일하다가 지금은 자기 투자 자문 회사를 세워 운영하고 있다. 그가 아는 유일한 일은 주식 거래와 투자다. 아마도 은퇴해서 죽을 때까지 이 일을 할 것이다. 이번 장의 표현을 빌자면 그는 자기 일에서 '탁월한' 능력을 보이고 있다.

그리고 신실한 그리스도인이기도 하다. 청년 시절에 그리스도를 영접하고, 그 뒤로 개인적인 성경 공부와 기도 같은 신앙생활을 열심히 하며 늘 주님과 동행했다. 그와 그의 아내는 교회 생활도 열심히 한다. 두 사람은 이제 장성한 자녀에게도 신앙을 전해주었다. 이 부부는 매사에 하나님께 시간과 재능, 재물을 온전히 드리고 있다.

나는 이 친구와 오랫동안 동행하면서 그리스도인이 갖추어야 할 직업적 탁월함에 관한 그의 이해가 점점 더 깊어지는 모습을 바로 곁에서 지켜보았다. 그는 1980년대 후반에 예수님을 영접하자마자 금융 업계의 '지저분한' 속성에 대해 고민하기 시작했다. 막대한 부에 둘러싸였지만, 이 업계가 얼마나 쉽게 탐욕에 물들 수 있는지를 똑똑히 지켜보았다. 탐욕이 끼어들면 정직이 무너지는 것은 시간문제라는 점도 확인했다. 그는 커미션 때문에 고객의 돈을 다른 곳으로 옮기고 싶다는 유혹을 수없이 경험했다. 그 업계의 속성

탓에 '더러운' 기분으로 사무실을 나설 때가 너무도 많았다.

신앙이 깊어지자 친구는 정직한 사람으로 행동하기 시작했다. 먼저 고객들을 다른 투자처에 투자하도록 설득할 때 자신의 동기를 전보다 더 철저히 돌아보기 시작했다. 업계의 관행을 점검하고 자신에게 까다로운 질문을 던지는 것이다. 내 행동이 정말로 고객을 위한 행동인가? 혹은 더 많은 커미션을 받기 위해서인가? 아니면 두 동기가 섞여 있는가? 내가 고객에게 해준 조언이 육신에서 비롯한 것인가, 성령에서 비롯한 것인가?

친구는 돈과 물질을 올바로 바라보는 세계관도 길렀다. 그는 C. S. 루이스가 말하는 '첫 번째 것들'과 '두 번째 것들'의 차이를 깨달았다.[8] 첫 번째 것들은 하나님의 것들, 하나님의 가치, 하나님의 우선 사항을 의미한다. 믿음, 소망, 사랑 등이 여기에 속한다. 두 번째 것들도 좋기는 하지만 첫 번째 자리로 올라서서는 안 된다. 돈, 재물, 취미, 외모, 근사한 휴가 등이 두 번째 것들의 예다. 이 두 가지의 차이를 안 덕분에 친구는 매일 가장 중요한 것에 집중하며 살아갈 수 있었다.

일터에서 성경의 인도와 성령의 능력으로 살아가는 것이 무슨 의미인지를 더 깊이 알아가던 친구는 놀라운 일을 하기 시작했다. 하루는 그가 심각한 얼굴로 내게 말했다. 첫 번째 것들과 두 번째 것들에 관한 새로운 성경적 세계관을 실천하고, 성령의 도우심으로 자기 동기를 점검해도 온종일 사방에서 압박하는 탐욕의 문화를 거부하기가 쉽지 않다는 것이었다. 이 세상 문화와 싸우기 위해 매일 자기 몸이 보이지 않는 비눗방울 속에 있다는 상상을 하며 하루를 시작했다. 그것은 주변 세상이 침투할 수 없는 비눗방울이었다. 그 안에는 오직 그와 예수님만 존재했다. 온종일 틈날 때마다 자신과 함께 계신 주님을 상상했다. 때로는 주님과 이야기를 나누기도 하고, 때로는 하나님이 함께 계신다는 확신이 주는 평온함과 기쁨을 만끽했다. 이상하거나 공상적이라고 말할 사람도 있겠지만 그 덕분에 친구는 혹독한 시장 환경에서도 믿음을 지켜나갈 수 있었다. 그는 지저분한 세상 문화 속에서도 오롯이 하나님과 교제할 자신만의 방법을 만들어냈다.

혹시 이 때문에 증권 중개인으로서 내 친구의 성과가 떨어졌을 것으로 생각하는가? 투자 업계는 살벌한 바닥이어서 공격적이고 냉혹한 사람만 살아남을 수 있다. 하지만 앞서 말했듯이 내 친구는 여전히 성공한 증권 중개인이다. 오히려 전보다 더 성공 가도를 달리고 있으며, 고객층은 여전히 두껍다. 고객은 그를 철석같이 믿는다. 경기의 부침 속에서도 그는 고객에게 변함없이 두둑한 수익을 안겨준다. 세상 기준에서 그는 성공했다. 하지만 더 중요한 사실은 그가 하나님의 기준에서 성공했다는 것이다. "무슨 덕이 있든지…."

골로새서에서 하나님은 우리를 직업적인 탁월함으로 부르신다. "무슨 일을 하든지 마음을 다하여 주께 하듯 하고 사람에게 하듯 하지 말라 이는 기업의 상을 주께 받을 줄 아나니 너희는 주 그리스도를 섬기느니라"(골 3:23-24). 내 친구는 이런 탁월함을 경험했다. 물론 우리도 그럴 수 있다.

모든 영역에서의 탁월함

빌립보서가 탁월함이 희소한 것처럼 말한다고 해서 그리스도인이 좀처럼 탁월함을 이루지 못한다는 뜻은 아니다. 그것은 단지 성경의 인도와 성령의 능력에 따라 탁월함을 얻어야 한다는 뜻이다. 이 원칙은 인생의 모든 영역에 적용된다. 마틴 루터 킹 주니어는 암살당하기 6개월 전 한 공립학교의 젊은이들에게 전한 연설에서 이런 탁월함의 개념을 잘 표현했다.

여러분의 운명이 거리 청소부가 되는 것이라면 미켈란젤로가 그림을 그리듯, 베토벤이 작곡을 하듯, 레온타인 프라이스가 메트로폴리탄 오페라 공연장에서 노래하듯, 셰익스피어가 시를 쓰듯 거리를 청소하세요. 온 천지가 멈춰서 "여기 자기 일을 압도적으로 잘하는 위대한 거리 청소부가 살았다"라고 할 만큼 거리를 잘 청소하세요.**9**

성경은 우리가 이 타락한 세상에서 다루어야 할 거의 모든 문제에 관해 많이 이야기했다. 따라서 성경적인 탁월함을 추구하지 않은 데 대해서 그 어떤 변명도 통하지 않는다. 하나님은 성경에서 부모에게 자녀의 분노를 유발하지 말고, 아이를 사랑으로 기르며 적절한 교훈과 훈계로 가르치라고 말씀하셨다(잠 22:6, 엡 6:4 참고). 또 남편과 아내에게는 상호 복종하고, 진정한 대화를 나누며, 이타적인 사랑을 하고, 서로 충실하라고 명령하셨다(잠 5:15-23, 엡 5:21-33 참고). 재정에 관해서는 불필요한 빚을 삼가고 받은 복을 즐기며, 가족을 부양하고 후히 베풀라고 명령하셨다(시 37:21, 전 5:19, 롬 13:8, 딤전 5:8 참고). 그리고 하나님은 성경을 통해 더러운 말을 하지 말고 다른 사람을 격려하며 서로 진실을 말하라고 권고하셨다(엡 4:15, 29, 약 3:2-12 참고). 또 우리의 몸을 잘 돌보되 몸을 숭배하고 영혼을 소홀히 할 정도로 그러지는 말라고 가르치셨다(고전 6:19, 딤전 4:8 참고).

이 모든 사례에서 주목해야 할 점은 성경이 정확한 지시를 내리고 있다는 점이다. 이런 영역에서 탁월함이 무엇인지 궁금해할 필요가 없다. 성경은 무엇이 탁월한지 더없이 분명하게 알려준다. 이 외에도 기업 윤리에서 생명 윤리, 은퇴 후 삶, 갈등 해결, 상한 감정 치유, 성, 교육, 예술까지 그 목록은 계속된다.

성경은 인생의 수많은 영역에서 분명한 지시를 하고 있다. 그리고 내주하시는 성령은 우리에게 성경의 가르침에 따라 살 능력을 주신다(고전 3:16, 요 16:13). 우리는 얼마든지 탁월함을 이룰 수 있다. 또한 우리가 매일 생각해야 할 탁월함의 영역이 꽤 많다. 탁월함은 하나님이 원하시는 방식으로 생각하는 법을 배울 때 시작된다. "무슨 덕이 있든지… 이것들을 생각하라."

9장
사람과 하나님과의 관계에서 칭찬과 찬양의 목록 생각하기

"무슨 기림이 있든지"

우리는 매일 약 23,000번 숨을 쉰다.
그런데 그렇게 숨을 쉴 수 있음에 하나님께
감사해본 적이 있는가?

마크 배터슨(Mark Batterson)

우리가 빌립보서 4장 8절에서 살핀 모든 단어 중 가장 긍정적이고 희망적인 단어는 마지막 단어인 "기림", 곧 칭찬 혹은 찬양이다. 우리는 이 단어를 사랑한다. 우리는 자녀에게 칭찬을 퍼붓는다. 사장은 일을 잘한 직원을 칭찬하고, 주인은 말을 잘 듣는 애완동물을 칭찬한다. 또 군중은 뛰어난 실력을 보인 슈퍼스타 선수들에게 찬사를 보낸다. 할리우드 스타들은 시상식에서 서로 칭찬한다. 모두 칭찬받기를 좋아하고, 칭찬받을 만한 일을 한 사람에게 칭찬을 아끼지 않는다. 이러니 칭찬할 만한 것을 생각하는 것이 하나님의 가장 중요한 여덟 가지 사고 목록의 대미를 장식하는 것도 무리는 아니다.

칭찬받느냐 안 받느냐에 따라 우리는 힘을 얻을 수도 있고 낙심할 수도 있다. 누구나 자신이 한 일에 칭찬받았던 일이나 칭찬받기를 절실히 바랐지만 그렇지 못했던 순간을 기억할 것이다.

나는 목회 초기에 칭찬받았던 일과 그렇지 못했던 일을 지금도 생생히 기억하고 있다. 거의 30년 전 신학교를 졸업하고서 중서부의 유명한 대형교회에 1년간 인턴으로 사역하게 되었다. 당시에는 대형교회가 그리 많지 않았다. 이 교회는 무척 컸고, 그곳에서의 인턴 자리는 젊은 내게 보통 큰 기회가 아니었다. 첫날, 나를 비롯한 인턴들은 모두 모여, 혼자서 우리 모두에게 월급을 주는 한 사업가의 동영상 연설을 보게 되었다. 그는 한참 교회 자랑을 한 뒤에 우리에게 최선을 다해 최대한 성과를 내라고 말했다. 1년의 인턴 기간이 끝났을 때 목사들이 우리에게 '최선을 다했다'가 아니라 '훌륭한 성과를 냈다'는 추천서를 써주기를 바란다고 했다. 그는 카메라를 똑바로 바라보며 "망치지 마세요!"라고 말하면서 메시지를 마무리했다. 그날 저녁 집으로 차를 몰고 오는 내내 내가 인턴 프로그램이 아니라 기업 훈련 프로그램이나 신병 훈련을 시작한 건 아닌가 하는 의구심이 들었다. 하지만 일단 시작한 일이니 최선을 다하는 수밖에 없었다.

그해는 내 인생에서 가장 힘든 한 해였다. 하나님과 사람들을 사랑하는 청년으로서 나는 '탁월한 성과를 내라'는 이 교회의 모토를 받아들이기가 힘들었다. 나는 무대 위의 연기자가 아니라 목사였다. 목회계의 잭 웰치(Jack Welch, 제너럴 일렉트릭 최고경영자)가 되려고 신학교에 간 것이 아니었다. 나는 그저 하나님의 양떼를 치는 목자가 되고 싶었다. 오해하지는 마라. 성과는 분명 중요하다. 하지만 목회자에게는 성과보다는 사랑이 먼저다. 돌아보면 당시 이 교회의 우선순위에 문제가 좀 있지 않았나 싶다.

나는 허덕이는 한 해를 보냈다. 온갖 활동을 정신없는 속도로 밀어붙이는 그 교회의 문화에 숨이 막힐 지경이었다. 최소한 당시의 내 기질에는 잘 맞지 않았다. 주변 사람들도 나의 혼란을 분명히 감지했을 것이다. 내 안에는 그 교회에 관한 답보다 질문이 더 많았다. 또 하나님이 나를 목회자로 부르셨다는 확신은 있었지만 자신감은 없었다. 아울러 치유하지 못한 어린 시절의 고통에서 비롯한 내적 불안감도 나를 상당히 괴롭혔다. 그래서 충성스러운 목자가 되기 위해서 먼저 나 자신부터 치유해야 하는 상황이었다.

그 해가 끝나갈 무렵, 두 목사가 내 목회 성과에 관한 의견을 내놓았다. 하나는 기운 빠지게 하는 의견이었고, 하나는 기운을 북돋아 주는 의견이었다. 한 목사의 말은 칭찬이 거의 없었고, 다른 목사의 말은 칭찬으로 가득했다. 둘 다 평생 잊지 못할 것이다.

첫 번째 목사는 자신의 사무실에서 내게 한 가지 비유를 들었다. 필시 그는 쓴 약이라고 생각하고서 그런 말을 했을 것이다. 그는 그 교회에서 보낸 한 해가 메이저 리그 활동과 같다고 했다. 맞는 말이었다. 나는 속으로 고개를 끄덕였다. 이어서 그는 나의 타율이 아주 낮다고 말했다. 그가 내놓은 점수는 2할 이하였다. 프로 야구 선수나 목사에게 그리 좋은 점수가 못 된다. 그는 그렇게 혹평을 늘어놓고는 격려한

답시고 이렇게 말했다. "다음 해에 전도사님이 어디로 가든 그 교회는 마이너 리그라고 할 수 있습니다. 필시 지금보다는 타율이 훨씬 높아질 겁니다." 그것은 칭찬보다 비웃음에 가까웠다. 마치 "뚱뚱한 사람치고는 땀을 많이 흘리지 않는군요"라는 말과 비슷했다. 그의 메시지는 분명했다. 내가 메이저 리그에서 삼진 아웃을 당해 이제 마이너 리그로 가게 되었다는 말이었다. 설령 내가 나중에 잘되기를 바라고 한 말이었다 해도 나는 크게 낙심했다. 그 목사의 사무실을 나오면서 목회는 내 길이 아닐지도 모른다고 생각했다. 내게 그날 밤은 길었고, 그 주는 더더욱 길었다.

하지만 하나님은 선하시다. 그리고 칭찬이 사람을 회복되게 하는 힘은 실로 강력하다. 일주일 정도 뒤에 다른 목사가 나를 불러서 자신이 사역하는 그룹에서 설교를 해달라고 부탁했다. 300명에 육박하는 교인 앞에서 하는 설교였다. 그때까지만 해도 나는 그렇게 많은 사람 앞에서 설교를 해본 적이 없었다. 당연히 나는 열심히 준비하고 기도했다. 그러고서 말씀을 전했다. 모임이 끝나고 나서 그 목사가 내게 다가와 말했다. "뒤에 앉아서 전도사님의 설교를 들었는데 조금 걱정을 했습니다. 하지만 설교가 시작된 지 3분 만에 안도의 한숨을 내쉬고 전도사님의 설교를 즐길 수 있었습니다. 정말 잘하셨습니다! 전도사님은 훌륭한 목사님이 되실 겁니다." 목회를 그만두어야 할지 일주일간 고민한 뒤에 이번에는 순풍이 불어왔다. 그 순풍은 바로 칭찬이었다. 칭찬은 언제나 우리에게 순풍이 되어준다.

내가 거의 30년이 지난 지금까지 이 두 상황을 기억한다는 사실이 칭찬의 힘을 분명히 보여준다. 필시 당신에게도 이와 비슷한 기억이 있을 것이다. 칭찬은 강력한 동기 유발제다. 반대로 칭찬받지 못하면 그렇게 힘이 빠질 수가 없다. "무슨 기림이 있든지" 그것을 생각하는 것이 너무도 중요하다. 칭찬이 있느냐 없느냐에 많은 것이 달려 있기 때문이다.

"무슨 기림이 있든지"

여기서 "기림"에 해당하는 헬라어 단어는 '에파이노스'(epainos)는 주로 '찬양'으로 번역된다. 이것은 꽤 흔히 사용되는 단어이며, '알아봄'[1]과 '인정',[2] 이 두 가지 의미를 내포하고 있다. 즉 '에파이노스'는 좋고 참된 것을 알아보고 나서 인정의 표시를 하는 것이다. 그리고 그럴 때 찬양 혹은 칭찬이 이어진다. 무대 중앙을 비추는 스포트라이트처럼 칭찬은 가치 있는 것을 모든 사람이 보도록 빛을 비추어준다. "저걸 봐! 대단하지 않아?" 이렇게 말하는 것이 칭찬이다.

이런 식으로 우리는 무엇이든 칭찬할 수 있다. 주변에 있는 어떤 것이든 그 가치를 알아보고 인정할 수 있다. 멋진 차, 웅장한 산, 귀여운 애완동물 그리고 성장하는 사업체까지 모든 것이 칭찬의 대상이다. 원한다면 우리는 눈에 보이는 모든 것을 칭찬하는 '칭찬 기계'가 될 수도 있다. 혹시 주변에 실제로 이런 사람이 있지는 않은가? 주변 모든 사람과 사물을 늘 칭찬하는 사람, 그칠 줄 모르고 칭찬하는 사람 말이다. 이렇게 뭐든 긍정적인 면을 보는 것은 좋지만 칭찬을 남발하면 그 가치가 퇴색한다. 그래서 성경은 지혜롭게도 하나님과 사람, 이렇게 두 부류에 대해서만 칭찬한다.

신약에서 '에파이노스'는 열 번 사용되었다. 그중 다섯 번은 하나님에 대해 사용되었다. 신약 저자들은 하나님의 선하심과 영광을 알아보고 인정했다(엡 1:6, 12, 14, 빌 1:11, 벧전 1:7 참고). 나머지 다섯 번은 사람이 칭찬의 대상이었다. 세 번은 사람들이 다른 사람의 행동을 칭찬한 것이었고(롬 13:3, 고후 8:18, 벧전 2:14 참고), 두 번은 하나님이 사람의 행동을 칭찬하신 것이었다(롬 2:29, 고전 4:5 참고). 하나님과 사람들은 알아봄과 인정의 두 대상이다. 따라서 "무슨 기림이 있든지" 그것을 생각하라는 빌립보서 4장 8절 말씀은 하나님과 사람에 대한 칭찬의 쌍굴 터널을 통과하라는 뜻이다.

칭찬으로 가는 길

우리는 칭찬에 관해 생각해야 한다. 하나님에 대한 찬양과 인간에 대한 칭찬의 렌즈로 주변 세상을 바라보아야 한다. 그렇다면 정확히 어떻게 해야 하는가? 칭찬으로 가는 분명한 길이 존재한다. 그 경로는 바로 다음과 같다.

판단 ⟶ 인정 ⟶ 칭찬

우리는 이러한 성경적인 통로의 세 측면으로 칭찬으로 갈 수 있다. 이 길로 가기만 하면 누구나 칭찬에 이를 수 있다. 자, 여행을 시작해보자.

판단

먼저 상황을 평가해야 한다. 보고 듣고 경험하는 것을 분석해야 한다. 그러기 위해서는 성경이 말하는 '분별력'을 발휘해야 한다. 잠언 14장 8절은 이렇게 경고한다. "슬기로운 자의 지혜는 자기의 길을 아는 것이라도 미련한 자의 어리석음은 속이는 것이니라." 지혜에는 선악, 진실과 거짓을 구분할 수 있는 분별력이 포함된다. 그리고 분별에는 적절한 질문을 던져 올바로 판단하는 과정이 포함된다. 올바른 분별력을 발휘하지 않으면 속아서 어리석은 길로 빠지고 만다.

천사 가브리엘이 나타나 예수님의 탄생을 선포했을 때 예수님의 어머니 마리아는 분별력을 발휘해야 했다. 가브리엘은 마리아에게 이렇게 인사했다. "은혜를 받은 자여 평안할지어다 주께서 너와 함께하시도다"(눅 1:28). 당연히 마리아는 당황스러웠다. 하긴, 누구라도 그랬을 것이다. '이것이 도대체 무슨 뜻인가?' 성경은 마리아가 즉시 분별 모드로 돌입했다고 말한다. "처녀가 그 말을 듣고 놀라 이런 인사가 어찌함인가 생각하매"(눅 1:29). 마리아의 머릿속이 돌아가기 시작했다. 마리아는 천사의 인사말을 분석하며 온갖 가능성을 타진했다. '왜 내가 은혜를 받았는가? 왜 하나님이 나와 함께 계시는가? 내가 곤란한 상황에 처한 것인가? 하나님이 내게 뭔가를 원하시는가?' 마리아는 분별력을 발휘해서 상황을 분석했다. 물론 곧이어 천사가 메시지를 분명하게 전해주긴 했다. 그는 온 백성이 오랫동안 기다리던 구주가 마리아를 통해 나올 것이라고 말했다. 그렇지만 마리아의 분별력은 중요한 열쇠였다. 분별력을 통해 그녀는 천사의 말을 제대로 판단할 수 있었다. 그 덕분에 곧이어 그녀의 입에서 찬양이 터져 나왔다(눅 1:46-55).

우리는 다양한 도구를 사용하여 분별하고 판단한다. 예를 들어 우리는 좋고 옳은 것을 알기 위한 가이드로 성경을 사용한다. 또 이성을 사용하여 무엇이 맞는지를 판단한다. 다른 사람의 도움, 즉 성경이 말하는 "의논"으로도 우리가 내린 판단을 보완할 수 있다(잠 15:22 참고). 우리는 정확한 판단을 내리려고 노력해야 한다. 무엇보다도, 성령의 도우심을 받아야 한다. 성령은 하나님의 말씀과 우리의 이성, 다른 사람들의 조언을 통해 눈앞의 상황을 정확히 판단하게 도와주신다. 또 누구를 언제 칭찬해야 할지도 알려주신다. "육에 속한 사람은 하나님의 성령의 일들을 받지 아니하나니 이는 그것들이 그에게는 어리석게 보임이요, 또 그는 그것들을 알 수도 없나니 그러한 일은 영적으로 분별되기 때문이라 신령한 자는 모든 것을 판단하나"(고전 2:14-15). 예수님을 따르면 그분이 반드시 우리에게 옳게 판단할 분별력을 주실 것이다.

하나님이 원하시는 대로 생각하는 법을 배우기 위한 노력의 일환으로 나는 주변 세상을 끊임없이 판단한다. 다음과 같은 상황에서도 평가하고 분별하며 판단한다.

- 우리 아이들이 하는 말을 들을 때
- 아내가 살아가는 모습을 보며
- 친구들과 어울릴 때
- 우리 교인들이 서로 그리고 주변 세상과 상호 작용하

는 모습을 보며
- 이웃이 오갈 때
- 하나님이 내 안에서, 나를 통해 역사하실 때

　나는 늘 옳고 그름, 선과 악을 분별하려고 노력한다. 또 진실과 오류, 내게 유익한 것과 해로운 것을 분별하려고 노력한다. 그렇게 할 때 칭찬으로 가는 길의 다음 기착지에 이를 수 있다.

인정
　무엇이 좋고 옳은지 분간했다면, 이제 중요한 감정적 단계인 인정 단계로 넘어갈 수 있다. 이는 칭찬으로 가는 길의 중요한 일부다. 인정을 통해 우리는 머리로 분간한 것을 마음으로 받아들인다. 칭찬할 대상에 관해 가슴으로 '느끼게' 되는 것이다.

　인정은 강력한 힘이다. 인턴 시절 나는 한 목사의 불인정과 다른 목사의 인정을 가슴으로 '느꼈다.' 둘의 차이는 극심했다. 하나는 맥이 빠지게 했고, 다른 하나는 기운을 북돋아 주었다. 불인정과 인정은 둘 다 내 '감정'에 극적인 영향을 미쳤다. 이것은 우리가 하나님의 형상을 따라 관계적 존재로 창조되었기 때문이다. 인정은 관계를 확인해주는 것이며, 우리는 이런 관계적 연결을 매우 개인적이고도 감정적인 차원에서 느낀다. 인정이라는 현실이 폐부 깊숙이 내려올 때 우리 안에서 칭찬이 형성되기 시작한다.

구약에 인정의 힘을 보여주는 교훈적인 이야기 하나가 실려 있다. 곧 왕이 될 다윗은 사울 왕을 피해 도망치던 중에 인정과 불인정 사이의 긴장을 경험했다. 한번은 다윗이 블레셋인과 함께 사울에 맞서던 아기스란 사람과 동맹을 맺게 되었다. 두 사람은 함께 싸울 예정이었다. 하지만 블레셋인은 다윗의 인기가 치솟고 있고, 결국 그가 이스라엘 편으로 돌아서서 자신들과 맞서리라는 사실을 올바로 분간했다. 그래서 블레셋인은 의심의 눈총을 보냈다. 아기스는 다윗을 사울과의 전투에 참여하게 하고 싶었지만 블레셋인은 그러고 싶지 않았다. 다음 상황은 인정과 불인정의 힘을 보여준다.

> 아기스가 다윗을 불러 그에게 이르되 여호와께서 살아 계심을 두고 맹세하노니 네가 정직하여 내게 온 날부터 오늘까지 네게 악이 있음을 보지 못하였으니 나와 함께 진중에 출입하는 것이 내 생각에는 좋으나 수령들이 너를 좋아하지 아니하니(삼상 29:6).

블레셋인은 다윗이 자신들보다 더 강해져서 적으로 돌아설까 봐 두려워 그를 인정하지 않았고, 그의 참여를 반대했다. 반면 아기스는 다윗을 정직하게 보아서 그와 함께하는 것이 옳다고 판단했다. 둘 다 옳은 평가였다! 다윗은 전쟁에서 아기스에게 훌륭한 자산이 되겠지만, 결국 더 강해져서 블레셋인에게 맞서게 될 것이었다(다윗이 블레셋 거인 골리앗을 처참하게 패배하게 한 사건을 기억하는가?). 두 평가 모두 정확했다. 다윗은 아기스의 지지를 느끼는 동시에 블레셋인의 불인정에 분노했다.

인정은 대개 이런 식으로 작용한다. 감정적인 상호 작용으로, 평가와 칭찬을 이어주는 다리 역할을 한다. 불인정도 감정적인 상호 작용이지만, 평가와 칭찬 사이의 다리를 불태워버리는 작용을 한다. 요지는 이렇다. 인정 없이는 칭찬도 없지만 인정 이후에는 곧 칭찬이 나타난다.

칭찬할 만한 것으로 판단했다면 마음으로 인정해야 한다. 그렇게 감정이 뒷받침되면 칭찬이 매우 강력해진다. 그날 그 목사가 내 설교를 칭찬했을 때 그것이 마음에서 우러나온 칭찬임을 느낄 수 있었다. 그의 칭찬에는 진짜 감정이 들어가 있었다. 마찬가지로, 우리가 하나님의 선하심과 역사를 찬양할 때 하나님은 우리의 찬양이 마음에서 우러나왔는지 아니면 마음 없이 시늉만 하는 것인지 다 아신다. 이것이 많은 그리스도인이 손을 들고 찬양하는 이유다. 하나님의 선하심과 위대하심을 마음으로 인정해서 감정이 북받치면 진정한 찬양이 나온다.

인정 단계 없는 칭찬과 찬양은 피상적이고 심지어 거짓되기까지 하다. 반면 인정을 했다면 세 번째 단계이자 마지막 종착지인 온전한 칭찬과 찬양 단계로 넘어갈 수 있다.

칭찬

판단은 정신적 활동이고 인정은 감정적 활동이지만, 세 번째 단계이자 마지막 종착지인 칭찬은 행동 단계다. 우리가 눈에 보이는 방식으로 칭찬할 때 열매를 맺으며, 의지가 담긴 행동으로 칭찬을 표현할 수 있다. 인정에서 칭찬이 터져 나오며, 그것은 곧 찬양이 된다.

구약의 시편 중 많은 부분을 다윗이 썼다. 가장 내밀하고 개인적인 글들이 시편에 포함되어 있다. 시편은 주로 하나님께 쓰는, 하나님에 관한 시와 편지, 노래로 이루어져 있다. 그렇다 보니 당연히 시편 안에는 찬양이 가득하다. 사실 시편에는 '찬양'이란 단어가 거의 140번이나 등장한다. 하지만 가장 놀라운 점은 찬양의 다양한 형태다.

여호와여 이러므로 내가…주께 감사하며 주의 이름을 찬송하리이다(18:49).

여호와를 즐거워하라 찬송은 정직한 자들이 마땅히 할 바로다(33:1).

나의 혀가 주의 의를 말하며 종일토록 주를 찬송하리이다(35:28).

손바닥을 치고…하나님을 찬송하라(47:1, 6).

시온에 계신 하나님, 침묵이 주께 찬송하고(65:1, 메시지 성경).

내 입이 드리는 자원제물을 받으시고(119:108).

성소를 향하여 너희 손을 들고 여호와를 송축하라(134:2).

춤추며 그의 이름을 찬양하며(149:3).

나팔 소리로 찬양하며 비파와 수금으로 찬양할지어다 소고 치며 춤추어 찬양하며 현악과 통소로 찬양할지어다 큰 소리 나는 제금으로 찬양하며 높은 소리 나는 제금으로 찬양할지어다(150:3-5).

노래하고 소리치며 말하고 박수 치며, 제물로 드리고 손을 들고 춤추며 악기를 연주하고 때로는 침묵하기까지 이 모든 행동이 하나님을 판단하고 인정했을 때 나오는 적절한 반응이다. 이런 반응까지 나왔을 때 비로소 칭찬과 찬양의 단계에 이른 것이다.

모든 일에서 칭찬하라

앞서 말했듯이 신약은 칭찬의 하나님과 사람들이라는 쌍굴 터널을 지나야 한다는 점을 분명히 보여준다. 하나님은 우리의 생각 속에 늘 관계가 있기를 원하신다. 매일 우리는 하나님과 주변 사람들과 상호 작용하는 내내 칭찬과 찬양으로 이어지는 생각을 해야 한다. 하나님과 다른 사람에게서 칭찬할 부분을 발견할 때마다 판단하고 인정하며 칭찬해야 한다. 이런 식으로 하면 하루에도 칭찬할 기회가 수백 번은 아닐지라도 수십 번은 찾아올 것이다.

칭찬할 모든 것에 관해 생각해보라. 하나님의 피조 세계에 펼쳐진 웅장한 자연 경관, 아기의 탄생, 하나님의 섭리로 이루어진 승진, 기도 응답, 가정의 회복, 마침내 정신을 차리고 옳은 길로 돌아온 자녀나 손자, 혼란 속에서 찾아온 모든 지각에 뛰어난 평강, 동료나 친구가 건넨 친절한 말 한마디, 즐겨 부르는 찬양, 성경을 읽다가 번뜩 얻은 통찰, 심지어 사랑하는 사람의 영원한 귀향까지…. 이 모든 것이 '칭찬을 생각할' 기회다. 하루에도 이런 기회가 얼마나 많은지 모른다. 큰 칭찬거리도 있고 작은 칭찬거리도 있다. 이것이 모두 판단하고 인정하며 칭찬할 기회다.

하나님에게든 다른 사람에게든 감사하고 칭찬할 이유가 수없이 많다. 이것이 사도 바울이 우리에게 이렇게 권면한 이유다. "범사에 감사하라 이것이 그리스도 예수 안에서 너희를 향하신 하나님의 뜻이니라"(살전 5:18). 시편 기자도 고요한 순간 자신의 존재에 관해 묵상하다가 문득 이런 찬양을 써 내려갔다. "내가 주께 감사하옴은 나를 지으심이 심히 기묘하심이라 주께서 하시는 일이 기이함을 내 영혼이 잘 아나이다"(시 139:14). 이런 생각 하나하나는 전반적인 생각의 질을 높여준다. 또 늘 하나님과 주변 사람들에 관해서 깊이 생각하는 삶을 향해 끊임없이 나아가게 한다. 저자 G. K. 체스터턴(Chesterton)이 한 말처럼 "무신론자에게 최악의 순간은 정말 감사한데 감사할 대상이 없을 때다."[3] 늘 하나님을 생각하는 사람에게는 언제나 감사할 대상이 있는 셈이다.

비장의 카드

칭찬에 관해서 마지막으로 나누고 싶은 점은 내가 예수님을 35년 넘게 따른 끝에 깨달은 교훈이다. 그것은 여덟 가지 생각이 모두 통하지 않아도 칭찬은 언제나 힘을 발휘한다는 것이다. 일상에서 믿음의 선한 싸움을 싸우다 보면 답답한 순간이 있다. 참된 것에 관해 생각하며 하나님의 초월적인 진리와 우리의 개인적인 사실 사이의 교차점을 아무리 찾아도 찾을 수 없을 때가 있다. 즉각 반응하지 않고 경건하게 생각하려고 노력하지만, 자신도 모르게 덜컥 반응하려는 사고의 함정에 빠질 때가 있다. 성경을 따르고 성령의 능력을 힘입어 탁월함을 추구하려고 애쓰지만, 툭하면 육신이 승기를 잡는다. 현재의 생각에 머물지 않고 빌립보서 4장 8절의 명령을 실천하려고 하지만, 여러 이유로 우리의 머리가 자꾸만 말을 듣지 않는다. 뜻대로 되지 않는 날이 있는 것이다.

내가 배운 교훈은 이렇다. 다른 모든 것이 통하지 않을 때도 칭찬은 할 수 있다. 칭찬하기로 '선택할' 수 있다. 판단하고 인정하며 칭찬할 수 있다. 어떤 경우에도 우리에게 이 선택권만큼은 있다. 칭찬하기로 선택할 능력이 언제나 우리에게 있다. 우리는 성령의 도우심으로 언제라도 이 능력을 발휘할 수 있다.

내가 거의 20년 가까이 알고 지낸 친구가 한 명 있다. 그녀는 어린 시절과 청년 시절에 최악의 비극을 겪었다. 열두 살 때 가족과 바닷가에 여행을 왔다가 혼자 산책을 하게 되었다. 그때 젊은 남자 두 명을 만났는데, 그들이 자신들의 텐트로 그녀를 초대했다. 순진했던 친구는 아무 의심 없이 따라갔다. 그 후에 벌어진 일은 그녀 인생 최악의 비극이었다. 성폭력으로 순결을 잃은 그녀는 가족의 텐트로 달려와 부모에게 이 사실을 알렸다. 부모는 그녀를 근처 병원으로 데려가 입원시킨 뒤 경찰에 신고했지만 범인은 붙잡히지 않았다. 부모는 자식을 위해 그 악몽을 가슴에 묻어둔 채 평생 다시는 거론하지 않기로 했다. 그런데 이 방법이 부모에게는 통했을지 몰라도 그녀에게는 통하지 않았다.

친구는 심각한 감정, 관계의 문제를 안은 채 청년이 되었다. 음식에서 위안을 찾다 보니 살이 많이 쪘고, 도무지 남자와 건강한 관계로 발전하질 못했다. 그런 와중에도 그녀는 교사가 되어 모든 사람의 인정을 받았다. 그녀는 아이들을 진정으로 사랑하는 훌륭한 교사였다. 그래서 사람들은 그녀가 왜 결혼하지 않는지 이해하지 못했다. 하지만 그녀 자신은 잘 알고 있었다. 악몽은 그녀의 가슴 깊은 곳에 그대로 남아 있었다.

모든 육체적, 감정적, 심리적 트라우마를 막고 있던 댐이 결국 터져버리고 말았다. 고통이 참을 수 없을 만큼 커졌다. 결국 그녀는 속으로만 끙끙 앓던 문제를 다루기로 했다. 오랜 시간 상담을 받고, 가족과 절친한 친구들의 사랑, 무엇보다 하나님의 은혜를 받고 그녀는 차츰 치유되기 시작했다. 어릴 적 성폭력의 상처를 봉합하고 음식 중독을 통제하게 되었다. 그리고 마침내 좋은 사람을 만나 결혼까지 했다. 가슴 아픈 비극이 승리의 이야기로 바뀌었다.

그런데도 여전히 힘든 날들이 있다. 타락한 몸과 마음이 가득한 이 타락한 세상에서는 누구도 완전한 회복을 경험할 수는 없다. 하루는 우리 교회에서 남편과 함께 서서 찬양을 부르던 그녀를 발견했다. 두 팔을 높이 들고 하나님을 찬양하는 그녀의 얼굴 위로 눈물이 흐르고 있었다. 하지만 그 눈물은 행복이 아닌 슬픔의 눈물처럼 보였다.

예배 후에 나는 그녀를 찾아가 괜찮으냐고 물었다. 그녀는 괜찮다고 했지만 나는 힘든 하루였냐고 다시 물었다. 그제야 그녀는 "네, 힘든 하루였어요"라고 대답했다. 그런데 그녀가 그다음 한 말이 실로 뜻밖이었다. 그 말에 그녀의 눈물이 어떤 의미인지 이해가 갔다. "오늘 고통스럽지만 기쁨을 선택하겠어요." 기쁨을 '선택'하리라. 고통의 한복판에서도 기쁨을 선택하리라. 그녀의 눈물은 고통과 기쁨이 뒤섞인 눈물이었다. 그녀는 전투를 치르고 있었다. 옛 감정이 용솟음쳤지만 찬양의 힘으로 다른 한쪽에서는 기쁨이 솟아나고 있었다. 그녀의 눈물은 이 둘을 모두 표현하고 있었다. 그녀는 기쁨을 선택했다. 그 순간이 내 머릿속에 잊히지 않는 한 장면으로 박혀 있다.

내 친구와 같은 비극을 겪은 적이 없는가? 앞으로도 그럴 일이 없기를 바란다. 하지만 누구나 나름의 문제를 안고 있다. 그 문제가 어떤 것이든 당사자는 아픈 법이다. 우리에게는 모두 힘들 때가 있다. 평안을 낳는 생각을 하기가 어려운 날이 있다. 그럴 때 우리가 사용할 수 있는 비장의 카드는 바로 칭찬과 찬양이다.

"오늘 고통스럽지만 기쁨을 선택하겠어요."

10장
바른 생각으로
하나님의 임재를 경험하다!

"평강의 하나님이 너희와 함께 계시리라"

가장 거룩한 일, 일상에 가장 가까운 일,
영적 삶에 가장 중요한 일은 하나님의
임재 연습이다.

로렌스 형제(Brother Lawrence)

우리 부부에게는 장성한 세 자녀가 있다. 우리는 그들을 다 사랑하지만 각기 다르게 사랑한다. 그 이유 중 하나는 그들이 서로 다르기 때문이다. 첫째와 둘째는 딸이다. 두 딸과는 2년여간 떨어져 지냈다. 아이들이 세 살과 한 살일 때 아내는 각각 '파스텔'과 '천연색'이라는 별명을 지어주었다. 첫째는 부드럽고 자상하며 섬세했고, 둘째는 밝고 힘차며 발랄했다. 그런 성향은 25년간 전혀 바뀌지 않았다. '천연색'이 열세 살인가 열네 살일 때 녀석의 할아버지는 호수에서 카누를 태워주겠다고 약속했다. 하지만 여러 이유로 그 약속은 지켜지지 않았다. 같은 해 나는 그 아이에게 함께 암벽등반을 하겠노라 약속했다. 이번에도 여러 이유로 그 약속은 지켜지지 않았다. 녀석은 지금까지도 그 여름의 깨진 약속에 관한 이야기를 꺼낸다. 그때마다 온 가족이 한바탕 웃곤 한다. 언제가 될지는 모르겠지만 녀석을 암벽 등반에 반드시 데려가야만 한다.

약속을 대하는 우리 마음은 이중적이다. 다들 약속을 좋아하면서도 그것을 경계한다. 한 번쯤은 약속을 받고 실망한 경험이 다들 있기 때문이다. 우리는 서로 실망하게 한다. 때로는 카누 타기나 암벽 등반에 데려가겠다는 약속을 지키지 않는 것처럼 사소한 경우도 있지만 혼인 서약을 어기는 것처럼 심각한 경우도 있다. 대부분 약속 지키는 삶을 갈망하지만, 다른 사람이 반드시 약속을 지킬 거로는 생각하지 않는다. 완벽하고는 거리가 먼 사람들로 가득한 타락한 세상에서 삶을 영위한다는 것은 여간 힘들지 않다.

내가 하나님을 좋아하는 이유 중 하나는, 그분은 항상 약속을 지키시기 때문이다. 성경에서 분명히 말하듯이 "하나님의 약속은 얼마든지 그리스도 안에서 예가 되니 그런즉 그로 말미암아 우리가 아멘 하여 하나님께 영광을 돌리게 되느니라"(고후 1:20). 하나님은 언제나 약속을 지키신다. 절대 한 입으로 두말하지 않으신다.

기쁨을 원하는 자들에게 주신 약속

지금까지 이 책의 내용은 성경의 한 구절을 중심으로 펼쳐졌다. 하지만 이 구절을 온전히 이해하려면 다음 구절을 간단히 살피면서 우리의 여정을 마쳐야 한다. 다음 구절에 하나님이 명령하시는 대로 생각하기 위해 노력하는 자들에게 주어지는 약속이 포함되어 있기 때문이다. 하나님은 빌립보서 4장 8절에 설명된 여덟 가지 생각에 집중하며 살아가는 사람들에게 한 가지 약속을 주셨다. 빌립보서 4장 9

절의 약속은 바로 이것이다. "여러분은 나에게서 배운 것과 받은 것과 듣고 본 것들을 실천하십시오. 그리하면 평화의 하나님께서 여러분과 함께하실 것입니다"(새번역).

얼핏 이 구절은 8절과 전혀 연관성이 없고, 새로운 주제를 소개하는 것처럼 보인다. 하지만 그렇지 않다. 바울은 8절에서 여덟 가지 사고를 설명한 뒤에 이제 자신처럼 하라고 권고하고 있다. 그는 자신이 이 여덟 가지 시각을 품고 살아가기로 결심했다며 우리도 그렇게 살라고 말한다. 우리는 그의 글에서 배우고 받은 것들, 그의 말과 행동에서 듣고 본 것을 실천해야 한다. 이것은 8절과 분명히 연결되어 있으며, 그가 거기에서 설명한 여덟 가지 사고를 가리킨다.

이제 바울은 하나님이 원하시는 생각에 따른 약속을 제시한다. "평강의 하나님이 너희와 함께 계시리라." 이 약속에서 절대 놓치지 말아야 할 점이 하나 있다. 이 약속의 의미를 정확히 알기 위해서 이 구절을 직역해보면 이렇다. "평강이신 하나님이 너희와 함께 계시리라." 보다시피 이 약속의 핵심은 평강이 아니라 평강을 주시는 하나님이다. 약속된 선물은 바로 하나님의 임재다. 하나님이 명령하신 대로 생각하려고 노력하면 "너희와 함께 계시"는 하나님을 선물로 받는다.

약속된 것은 하나님의 임재다

하나님의 임재에 관한 약속은 실로 귀하다. 그리스도인으로서 살아가며 우리는 하나님의 잠재적 축복이나 아직 받지 못한 축복을 추구하려는 유혹을 받을 수 있다. 즉 재정적인 안정과 좋은 직장, 믿음의 길을 떠나지 않는 자녀와 행복한 결혼 생활, 우울증이나 걱정에 빠지지 않는 강한 감정, 문제를 일으키지 않는 이웃과 다투지 않는 교회 같은 것들 말이다. 이 모든 것이 많은 그리스도인이 추구하는 '좋은 삶'의 예다. 우리는 이런 것을 얻으려고 기도하고 애를 쓴다. 심지어 하나님이 우리의 믿음과 순종을 봐서 이런 것을 주실 거로 단단히 믿는다. 하지만 하나님은 이 타락한 세상에서 이런 것을 보장하신 적이 없다. 잘사는 인생을 위해 이런 것을 약속하신 적이 없는 것이다. 그 대신 그분은 자신의 임재를 약속하셨다.

하나님의 임재, 즉 하나님이 '우리와 함께' 계신다는 현실은 그분이 바른 생각을 하는 자들에게 주시는 가장 의미 있고도 강력한 선물이다. 이것은 앞에서 언급한 우리가 흔히 추구하는 복들보다 훨씬 중요하다. 사실 하나님의 임재에 비하면 이런 복들은 아무것도 아니다. 우리의 영혼은 무엇보다도 하나님의 임재를 갈망하도록 설계되었다. 하지만 이런 점을 깊이 생각해보지 않은 그리스도인이 꽤 많다.

당신이 가장 함께하고 싶은 사람을 생각해보라. 함께 있기만 해도 기분이 좋아지고 힘이 솟는 사람, 함께 있으면 마냥 좋은 사람, 그 사람을 생각해보라. 예를 들면, 당신의 배우자나 자녀, 사냥 친구나 직장 동료, 죽마고우…. 이제 당신이 타히티의 이국적인 섬에서 호화롭게 즐길 수 있는 여행 상품권을 경품으로 탔다고 해보자. 대부분의 경품이 그렇듯 이 여행에는 한 사람만 데려갈 수 있다. 당신의 머릿속에 즉시 한 사람이 떠오른다. 그 사람과 꼭 가고 싶다. 정말 멋진 시간이 될 것이다.

그런데 상품권에 적힌 작은 글씨를 보니 "다른 사람을 데려가지 않는다면 항공기 좌석과 숙박을 업그레이드할 수 있습니다"라고 쓰여 있다. 특히 태평양을 횡단하는 비행에서 항공기 좌석 업그레이드를 싫어할 사람이 어디에 있겠는가? 호텔 룸 업그레이드를 싫어할 사람은 또 어디에 있겠는가? 잠시 당신은 친구 대신 이런 업그레이드를 선택할까 하는 생각을 한다. 하지만 잠시뿐이다. 대부분 업그레이드보다 친구와 동행하기를 선택할 것이다. 왜일까? 좋은 사람과 함께하는 것이 형태를 갖춘 복보다 훨씬 좋기 때문이다.

하나님과 그분의 임재를 이런 식으로 보는 것이 중요하다. 우리 모두가 갈망하는 유형의 복과 비교해서는 더더욱

> 평강의 하나님이 너희와 함께 계시리라

그러해야 한다. 하나님의 시각에서 이생의 복은 항공기 좌석과 숙박 업그레이드에 불과하다. 많은 복에 둘러싸인 현대 도시인은 이 점을 이해하기가 쉽지 않을 것이다. 하지만 우리의 삶을 영원의 시각에서 보시며, 우리가 그 무엇보다도 그분을 알고 믿기를 원하시는 하나님께는 좋은 삶만 좇는 우리의 모습이 타히티 여행의 업그레이드에 눈이 먼 것처럼 보이실 것이다. 가장 중요한 것은 업그레이드가 아니라 여행 자체이고, 누구와 함께 여행하느냐다. 하나님께 가장 중요한 점은 우리가 그분을 알고 경험하는 것이지, 그에 따른 복이 아니다. 하나님을 가장 슬프게 하는 것은 그분의 임재를 수많은 복과 맞바꾸는 우리의 모습이다.

오해하지는 마라. 복, 특히 행복한 결혼 생활이나 좋은 양육, 기쁨, 좋은 은퇴 생활, 영적 집이라 부를 만한 좋은 교회 등과 같은 것에는 전혀 잘못이 없다. 이것은 모두 가치가 있다. 하지만 이렇게 좋은 것이라 하더라도 하나님의 임재 없이는 궁극적으로는 불만족으로 이어질 수밖에 없다. 물론 복과 임재를 둘 다 가지면 더할 나위 없이 좋다. 하지만 빌립보서 4장 9절을 비롯한 많은 성경 구절을 보면 하나님의 임재는 약속되었지만, 유형의 복은 보장되지 않았다. 심지어 빌립보서 4장 9절에는 복들이 언급되지도 않았다. 우리가 하나님이 지시하신 대로 생각하며 살아도 복이 찾아오지 않을 때가 있다. 하지만 가장 중요한 약속은 여전히 유효하다. 하나님이 지시하신 대로 참되고 경건하며 옳고 정결하며 사랑받을 만하고 칭찬받을 만하며 덕이 있고 기림이 있는 것들을 생각하는 사람은 평강의 하나님이 함께하시는 경험을 하게 될 것이다. 하나님의 임재는 복이 가득한 삶보다도 훨씬 더 좋다. 임재가 언제나 복보다 낫다. 하나님이 약속하신 것은 바로 이러한 임재다.

임재의 목적

한창 사춘기 시절에 나는 심한 근심 걱정에 시달렸다. 당시 나는 중학생이었는데, 그 또래 아이들이 흔히 그렇듯 몸의 변화, 학교에서의 인기, 미래에 관한 깊은 불안감을 경험했다. 이 외에도 딱 꼬집어 말할 수는 없는 온갖 것에 관한 불안감에 휩싸였다. 많은 아이가 그 시기에 비슷한 경험을 하며, 아이마다 다르게 반응한다.

중학교 1학년, 한동안 학교에 가고 싶지 않았던 때가 있었다. 아침에 일어나면 하루를 어떻게 살아야 할지 두려워 견딜 수가 없었다. 그러면 부모님께 배가 아파서 학교에 갈 수 없다고 꾀병을 부렸다. 문제는 우리 아버지였다. 아버지는 대공황 당시에 태어나 온갖 시련을 딛고 자수성가하셨다. 그토록 강인한 아버지에게 아프다는 기준은 고열과 구토, 두 가지였다. 그리고 이 두 가지는 조작하기가 힘들다. 복통 정도로는 아버지에게 아프다고 명함도 내밀 수 없었다. 결국 나는 쫓겨나듯 집을 나왔고, 학교에 가는 내내 불안감에 떨어야 했다.

그 시간을 어떻게 버텼는지 돌아보면, 두 가지 방법이 있었다. 하나는 음악이었다. 음악에는 지친 가슴을 달래주는 힘이 있다. 당시 나에게 음악이 효과가 있었다. 피아노를 치고 음악을 들으면 극심했던 불안감의 날이 조금이나마 무뎌졌다. 이것이 내가 지금까지도 음악을 즐기는 이유 중 하나다.

당시 나를 지탱해주었던 또 다른 한 가지는 바로 하교하면 엄마가 집에서 나를 기다리고 있다는 사실이다. 아버지는 나를 억지로 학교로 보내고, 늘 엄하셨다. 그러나 그 점에 대해서는 원망보다 감사가 크다. 아이를 훈계하지 않으면 무책임하고 미성숙한 어른이 될 수밖에 없기 때문이다. 반면 엄마는 늘 내 감정을 헤아리고 내 상황을 이해해주셨다. 매일 아침 마지못해 집을 나설 때면 엄마는 "집에서 항상 엄마가 널 기다리고 있으니까 걱정하지 말렴"이라고 말씀하셨다. 학교에서 걱정과 두려움이 밀려올 때면 집에서 나를 기다리는 엄마를 떠올렸다. 주방에서 나를 위해 우유를 따르고 과자를 접시에 담는 엄마를 머릿속에 그렸다. 엄마의 존재를 생각만 해도 밀려오던 근심의 파도가 갑자기 멈췄다. 그리고 마침내 엄마의 품에 안기면 말할 수 없는 안도감이 밀려왔다. 엄마에게 나의 하루를 털어놓으며 간식을 먹는 시간. 이제 오랜 시간이 흘러 대화의 내용은 정확히 기억나지 않지만 엄마라는 존재가 주는 안도감만큼은 똑똑히 기억이 난다.

사랑하는 사람이 곁에 있다는 것은 강력하다. 안정감이 생기고 상처가 치유되며 고통을 이길 힘이 솟는다. 요컨대 평강이 찾아온다. 어린 시절 나는 바로 이런 평강을 경험했다. 정말로 믿을 수 있는 사람이 존재한다는 것이야말로 우리 영혼에 가장 필요한 일이다. 이제 왜 '작은 복들'이 하나님의 임재 앞에서 빛이 바래는지 알겠는가? 빌립보서 4장 9절 약속이 그토록 놀라운지 알겠는가? "평강의 하나님이 너희와 함께 계시리라." 새로운 방식으로 생각하는 법을 배우며 하나님께 가까이 다가가는 사람들에게 하나님의 임재에 대한 특별한 감각이 약속되어 있다. 추구할 만한 가치가 있는 선물이지 않은가?

잃어버린 고리

너무도 많은 사람이 옳은 시각과 평안 사이를 연결해주는 고리를 모르고 있다. 그들은 주변 세상(우리 삶, 다른 사람들, 더 나아가 하나님)에 관한 바른 생각이 평강을 낳는다는 점을 이해하지 못하고 있다. 빌립보서 4장 8-9절은 하나님이 명령하신 사고방식을 기르면 하나님의 특별한 임재 안에서 발견되는 평강을 얻는다고 말한다.

하나님이 원하시는 생각을 품으면 이 임재와 평강이 두 가지 방식으로 찾아온다.

1. 우리 생각을 하나님의 좋은 것들에 일치되게 한 자연스러운 결과로 찾아온다. 이는 당연한 이치다. 참되고 경건하며 옳고 정결하며 사랑받을 만하고 칭찬받을 만하며 덕이 있고 기림이 있는 것들에 생각을 집중하면 우리 영혼이 긍정적인 영향을 받을 수밖에 없다.
2. 하나님의 직접적인 공급으로 찾아온다. 다시 말해, 하나님이 원하시는 대로 생각하면 하나님이 우리에게 특별한 은혜를 공급해주신다. 하나님이 임재와 평강의 은혜를 주신다.

자연적으로든 특별한 공급하심을 통해서든 우리는 수많은 사람이 찾고 있는 잃어버린 고리를 받는다. 그 고리는 바로 생각으로 하나님을 따른 결과로 찾아오는 임재를 통한 평강이다.

  당신이 남은 평생 날마다 하나님이 원하시는 생각을 품음으로써 하나님의 임재 속으로 더 깊이 들어가, 더 깊은 평강을 누리기를 바란다. 하나님은 카누 타기나 암벽 등반 같은 약속을 절대 어기지 않으신다. 그분은 언제나 약속을 지키신다. 다르게 생각하는 법을 배우자.

맺는말

한 사업가가 직원들에게 한 페이지로 정리할 수 없는 아이디어나 제안은 쓸모가 없다고 말했다. 물론 책 한 권을 한 페이지로 정리하는 건 보통 힘든 일이 아니다. 그런데도 그 원칙만큼은 옳다. 그래서 각 사고 이면의 주된 개념을 쉽게 기억할 수 있도록 우리가 지금까지 탐구한 내용을 정리해보자.

- **성경적인 '무엇에든지'의 힘**: 좋고 경건한 생각들이 우리의 시각에 미치는 영향은 아무리 강조해도 지나치지 않다. 우리가 하나님처럼 생각할 수 있는 모든 가능성을 상상해보라. 모든 '무엇에든지'를 상상해보라. 우리의 삶에는 하나님처럼 생각할 기회가 가득하다.
- **무엇에든지 참되며**: 초월적인 진리와 개인적인 사실의 교차점에서 하나님을 발견하라. 하나님의 변하지 않는 현실이 우리의 현실과 교차하여 우리의 개인적 경험과 시각에 명료함과 의미가 더해지게 하라.

- **무엇에든지 경건하며**: 즉각 반응하지 않는 태도를 기르라. 다섯까지, 필요하다면 5천까지라도 센 뒤에 반응하라. 성령이 우리의 충동적인 반응을 통제하고 지혜를 주시며 우리를 지탱해주시도록 통제권을 넘겨드리라.
- **무엇에든지 옳으며**: 잘못을 바로잡음으로써 옳은 일을 하라. 잘못을 용서함으로써 옳은 일을 하라. 당신을 슬프게 하는 불의한 일들을 찾으라. 왜냐하면 그런 일은 하나님도 슬프게 만들기 때문이다. 그런 일을 바로잡되 자비를 발휘하라. 용서하는 법을 배우라. 정의를 펼칠 때 잘못을 바로잡는 일과 용서하는 일 중 하나만 하지 말고 둘 다 하는 그리스도의 제자가 돼라.
- **무엇에든지 정결하며**: 그리스도의 사랑의 본을 따라 관계적인 정결을 우선시하라. 하나님과의 건강한 관계가 바탕을 이룰 때 다른 사람과의 건강한 관계가 가장 자연스럽게 이루어진다.
- **무엇에든지 사랑받을 만하며**: 적절한 것에서 적절한 즐거움을 추구하라. 안전한 항구와도 같은 관계를 가꾸고 옹골진 활동을 추구하라. 하나님에 관한 건전한 시각을 유지하고, 언제나 받기보다 주기에 힘쓰라.
- **무엇에든지 칭찬받을 만하며**: 좋은 평판을 쌓으라. 평판은 자기 행동이 다른 사람들의 평가와 결합하여 이루

어지는데, 여기서 자기 행동만 통제할 수 있다. 그러므로 충성스럽고 자비로우며, 의롭고 다른 사람을 존중하는 행동을 하라.

- **무슨 덕이 있든지**: 모든 일을 성경의 가르침과 성령의 능력에 따라 하라. 하나님 말씀의 가르침을 따르고 성령의 능력을 의지하여 살아가면 올바른 탁월함에 이를 수 있다.
- **무슨 기림이 있든지**: 판단하고 인정하는 과정을 거쳐 하나님과 다른 사람들을 찬양하거나 칭찬하라. 하나님이 주시는 모든 기회를 통해 그분을 찬양하라.

이 여덟 가지 생각과 관련한 모든 가능성을 상상하라. 그리고 이런 생각에는 놀라운 약속이 담겨 있다. 그것은 바로 하나님의 임재와 평강을 경험할 수 있다는 것이다.

주

머리말

1. Jason G. Goldman, "Why Bronze Medalists Are Happier Than Silver Winners", *Scientific American*, 2012년 8월 9일, https://bit.ly/3gFg8pE

1장

1. Johannes P. Louw and Eugene A. Nida 편집, *Greek-English Lexicon of the New Testament: Based on Semantic Domains* (New York: United Bible Societies, 1989), s.v. "hosos."
2. "Prevalence of Self-Reported Aggressive Driving Behavior: United States, 2014", AAA Foundation for Traffic Safety, 2016년 7월 10일, https://bit.ly/3aFrBl9

2장

1. Gerhard Kittel, Gerhard Friedrich, and Geoffrey W. Bromiley 편집, *Theological Dictionary of the New Testament* (Grand Rapids: Eerdmans, 1984), s.v. "alethes."
2. Kittel, Friedrich, and Bromiley 편집, *Theological Dictionary of the New Testament*, s.v. "alethes."
3. C. S. Lewis, *Surprised by Joy: The Shape of My Early Life* (Boston: Houghton Mifflin Harcourt, 1966). 『예기치 못한 기쁨』(홍성사 역간)

3장

1. Kittel, Friedrich, and Bromiley 편집, *Theological Dictionary of the New Testament*, s.v. "semnos."
2. John Piper, "A Call for Coronary Christians", Desiring God, 2002년 1월 23일, https://bit.ly/3xrzLr5
3. Piper, "A Call for Coronary Christians."

4. Piper, "A Call for Coronary Christians."
5. Thomas Jefferson, Jon Meacham의 *Thomas Jefferson: The Art of Power* (New York: Random House, 2012), 237에 인용.
6. Thomas Jefferson, Meacham의 *Thomas Jefferson*, 236에 인용.

4장

1. Douglas Mangum, Rachel Klippenstein, Derek R. Brown, and Rebekah Hurst 편집, *Lexham Theological Wordbook* (Bellingham, WA: Lexingham Press, 2014), s.v. "dikaios."
2. Kittel, Friedrich, and Bromiley 편집, *Theological Dictionary of the New Testament*, s.v., "dikaios."
3. Titled *Nicomachean Ethics*.
4. Jennifer Riley, "Nothing More Radical Than Bible in Injustice Fight, Says Tutu", *Christian Post*, 2008년 9월 8일, https://bit.ly/2PqzbJc
5. "Famous Twain Quotes", The Mark Twain House & Museum, 2018년 2월 2일, https://bit.ly/32MZGeN
6. www.thebekindpeopleproject.org
7. Nicholas Kristof, "Evangelicals without Blowhards", *New York Times*, 2011년 7월 30일, https://nyti.ms/2S3cpIh

5장

1. R. L. Thomas, *New American Standard Hebrew-Aramaic and Greek Dictionaries: Updated Edition* (La Habra, CA: Foundation Publications, 1998), s.v. "hagnos."
2. C. S. Lewis, *Mere Christianity* (New York: Macmillan, 1978), 153. 『순전한 기독교』(홍성사 역간)
3. Larry Crabb, *A Different Kind of Happiness: Discovering the Joy that Comes from Sacrificial Love* (Grand Rapids: Baker Books, 2016), 46. 『행복』(IVP 역간)
4. Robert G. Clouse, "Recent Premillennialism: Late Great Predictions", *Christian History* 61 (1999), https://www.christianhistoryinstitute.org/magazine/article/recent-premillennialism-late-great-predictions/

5. Robert D. Putnam and David E. Campbell, *American Grace: How Religion Divides and Unites Us* (New York: Simon & Schuster, 2010), 81. 『아메리칸 그레이스』(페이퍼로드 역간)
6. "Database of Megachurches in the U.S.", Hartford Institute for Religion Research, 2011년 11월 22일, https://bit.ly/3aEc8C0
7. Thom S. Rainer, "Seven Updated Trends on Megachurches in America", *Christian Post*, 2012년 9월 19일, https://bit.ly/3aEvlDo
8. "Fast Facts about American Religion", Hartford Institute for Religion Research, 2005년 9월 3일, https://bit.ly/3gEvMkY
9. Alan Hirsch, "Defining Missional", *Christianity Today Online*, 2008년 가을, https://bit.ly/3nmJpXi

6장

1. *Merriam-Webster's Collegiate Dictionary*, 11번째 편집 (2003), s.v. "pleasure."
2. Kittel, Friedrich, and Bromiley 편집, *Theological Dictionary of the New Testament*, s.v. "phileo."
3. R. Jamieson, A. R. Fausset, and D. Brown, *Commentary Critical and Explanatory on the Whole Bible* (Grand Rapids: Eerdmans, 1935), Logos Research Systems ebook, s.v. "phileo."
4. Glenn Frey and Jackson Browne, *Eagles* 앨범 중 "Take It Easy", 1972년 녹음된 런던 Olympic Studios 이글스 공연.
5. John Piper, *Desiring God: Meditations of a Christian Hedonist* (New York: Crown Publishing Group, 2010), 18. 『하나님을 기뻐하라』(생명의 말씀사 역간)

7장

1. Wikipedia, s.v. "John Grisham", 2017년 6월 7일 마지막 수정, https://bit.ly/3sPXL3P
2. Sammy McDavid, "A Time to Write", *Mississippi State Alumnus Magazine*, 1990년 겨울, http://lib.msstate.edu/grisham/timetowrite.php
3. Henry Ford, Rob Brown의 *Operation Breakthrough: Striving through*

Struggles for Success by Teaming (Hoboken, NJ: John Wiley & Sons, 2016), 236에 인용.
4. H. G. Liddell, R. Scott, H. S. Jones, and R. McKenzie, *A Greek-English Lexicon* (Oxford: Clarendon Press, 1996), s.v. "timao."

8장

1. "Driving Them Crazy: Americans' Top Customer Service Complaints", *Consumer Reports*, 2015년 11월 2일, https://bit.ly/3eBOKX8
2. Louw and Nida 편집, *Greek-English Lexicon of the New Testament*, s.v. "arete."
3. Kittel, Friedrich, and Bromiley 편집, *Theological Dictionary of the New Testament*, s.v. "arete."
4. Kittel, Friedrich, and Bromiley 편집, *Theological Dictionary of the New Testament*, s.v. "arete."
5. "Arete", Theoi Greek Mythology, 2017년 7월, https://bit.ly/3nkPjZ0
6. Betsy Morris, "Steve Jobs Speaks Out", *Fortune*, 2008년 3월 7일, https://bit.ly/2RYkiyt
7. Kittel, Friedrich, and Bromiley 편집, *Theological Dictionary of the New Testament*, s.v. "arete."
8. C. S. Lewis, "First and Second Things", *God in the Dock: Essays on Theology and Ethics* (Grand Rapids: Eerdmans, 1994), 280 중에서. 『피고석의 하나님』(홍성사 역간)
9. Martin Luther King Jr., "What Is Your Life's Blueprint", *Seattle Times*, 1967년 10월 26일, http://old.seattletimes.com/special/mlk/king/words/blueprint.html

9장

1. H. R. Balz and G. Schneider, *Exegetical Dictionary of the New Testament* (Grand Rapids: Eerdmans, 1990), s.v. "epainos."
2. Liddell, Scott, Jones, and McKenzie, *A Greek-English Lexicon*, s.v. "epainos."
3. G. K. Chesterton, *St. Francis of Assisi* (New York: Image Books, 1957), 78.